開拓社叢書 30

ことばのインテリジェンス

トリックとレトリック

沖田知子・堀田知子・稲木昭子 〔著〕

開拓社

は　し　が　き

　右絵は何に見えるでしょうか．白に焦点
をあてると壺や杯，黒なら向き合う横顔が
浮き彫りになります．形が際立って見える
ほうを図，そうでない後景となるものは地
といいますが，図と地が反転すると違って
見えることになります．見る人が対象をど

のように認識，解釈するかにより見え方は異なり，しかも同時に 2 つの
見方をすることはできません．この多義図形は，考案したルビンの名を
とって「ルビンの壺（vase）」「ルビンの杯（盃）(goblet)」「ルビンの顔」
などと呼ばれたりします．たとえば白のほうを図と認識した人でも，それ
を何と言うかについては意見が分かれるというのも興味深いところです．

　これは，ことばで表現することの基本にかかわっています．同じ事象を
前にしても，人によって見え方が違うので，その表現も違ってきます．た
とえばサッカーの試合がノーゴールで終わったとき，「引き分けた」「勝て
なかった」「負けなかった」「1 点も入らなかった」「1 点も許さなかった」
あるいは「勝ち点 1」などと違った表現になります．事実は 1 つでも，見
る人によってその見えるものは違ってくるのです．おおげさにいえば見る
人の数だけ真実があることになります．これは，使い手が自分のフィル
ターを通してどのように認識してことばや構図を選ぶのか，ということば
のデザインの問題になります．

　ところで，オックスフォード辞典が 2016 年を代表する語として post-
truth を選んだことは，その年のイギリスの EU 離脱の国民投票やアメリ
カ大統領選挙を考えると，さほど驚くことでもありません．この語は，必

ずしも事実ではない情報までもが錯綜するなかで情報をどう見極めていくのか，という受け手の問題が重要であることを象徴しています．

　そこで本書『ことばのインテリジェンス』をお届けする次第です．この題名を見て，どのようなものを想像されたでしょうか．インテリジェンス（intelligence）は，知性・知能の意味のほか，諜報活動をさすこともあります．私たちは思ったり考えたりしたことを心のうちにしまっておくだけでなく，ことばにして誰かに伝えようとします．しかし，ことばで十分に意を尽くすことも難しく，言いたいことをわかってほしいと相手に解釈を託したり，ときには自分の思うように相手を誘導しようとしたりすることもあります．そういうことばに隠された，あるいは託された使い手の心を探るためには，情報から必要なものを引き出して分析，評価する知性が受け手に求められているといえます．つまり，トリックとレトリックを見極めることばのインテリジェンスです．

　それはまた，ことばの表象に込められたメタ表象を引き出し，それを咀嚼して自分のメタ表象として落とし込む作業ともいえ，私たちはこれを「ことば学」と呼んでいます．使われたことばから心を推論して引き出す謎解きのメタ語用論です．ことばをうのみにすることなく，相手が見せることばからその心を見なすという主体的な解釈行為でもあります．情報があふれる現代にあって，私たちに求められるのは，情報を見極めることができることば力，すなわちリテラシーであるといえます．このような発想で，使われたことばと心の重層構造に迫るのが，本書のねらいです．しかし注意していただきたいのは，解は1つとは限らないということです．使い手も受け手も，それぞれ自分のフィルターを通してことばを使い，理解しようとします．どれだけ心に迫ることができるかという理解の程度により，得られるもの，見えてくるものも違ってきます．したがって最適な落としどころを探る，つまり解釈する労力と効果のバランスに留意する必要があります．労なくわかってしまうだけでなく，よく考えてよくわかることも，実は大事なのです．

　本書ではまず，思いや考えをことばにすることはどういうことであるのか，ことばや構図の選び方1つをとっても使い手の裁量や思惑が含まれているという，ことばの基本をおさえたいと思います．そのうえで，物語，対話，演説，メディア報道，さらにネットへとジャンルを広げていき，受け手にとって留意すべき視点のいくつかを具体的に考えていきます．メタ語用論的意識を手がかりに，おもにことばの裏にある心を推論して，ことばと心を総合的にときには批判的に立体読みをしていきたいと思います．この謎解きにより，ひいてはことばのおもしろさに迫ることができるのではないでしょうか．

　このようにことばに隠された心や仕掛などを謎解きしていくのが，メタ語用論としてのことば学のミッションであると考えます．このことば遣いへの気づきや立体読みは，故毛利可信大阪大学名誉教授に手ほどきをしていただきました．この本のコンセプトの理解者である吉田一彦神戸大学名誉教授には出版のスタートへと背中を押していただきました．さらには，川田賢様をはじめとする開拓社の皆様には出版のゴールへの道を拓いていただきました．この方々の励ましとご尽力がなければ，このような形にまとめることはできなかったと思います．ここに記して心よりの御礼を申し上げます．最後に，私たちの長年にわたる共同研究に，いつも理解と協力を惜しまず見守ってくれた家族にも感謝したいと思います．

2017 年 12 月 23 日

沖田知子　堀田知子　稲木昭子

＊なお，本書には JSPS 科研費平成 27〜29 年「情報デザインのことば学」（JP15K02598）の助成を受けて行った共同研究の成果も含まれています．

目　　次

はしがき

第 1 章

ことばをデザインする

1.1. ことばのデザイン──意味の幅

　ことばをデザインするとはどういうことかをまず考えてみよう．私たち
は情報を伝えるとき，ことばを選んで文を作るが，このことばの選択の段
階ですでに使い手の好みや思惑が働いている場合がある．選択されること
ば，つまり使い手が見せることばは必ずしも文字どおりの意味で使われる
とは限らず，そこでズレが生じることもある．さらにことばを選ぶ視点や
意図によっては，作為的にトリックを仕掛ける場合すらある．

1.1.1. ことばを選ぶ

　私たちが情報を伝えるとき，語の中心的な伝達内容を構成する概念的意
味（conceptual meaning）や，文化や個人の経験などが絡んで伝わる連合
的意味（associative meaning），さらに情報構造から伝わる主題的意味
(thematic meaning) がかかわってくる（Leech（1974））．選択される語
は，概念的意味に加え連合的意味などが織り込まれたり，好みが反映され
たり，いわば使い手のフィルターを通したものとなる．さらに受け手への

影響を見すえて意図的にその主観や評価といったモダリティ（modality）の織り込みや盛り込みをすることもある．またメタファ（metaphor）やメトニミー（metonymy）などのレトリック（rhetoric）を使ったり，文脈（context）の影響を受けたり，あるいは使い手が何らかの意図をもって操作したりするので，意味の特定はそう簡単にはいかないことがある．ことばには，このような意味の多様性や可変性，さらには意味確定度不十分性（underdeterminacy）があり，これらがズレを引き起こすことになる．受け手はことばの表しうる幅に注意して，使い手が見せることばによって伝えたいことにできるだけ近づくように推論する，つまり使い手の心を見なすことが求められる．これは，互いのことばの幅をいかに狭めていって，めぼしいものにたどり着けるのか，という謎解きに似たプロセスとなる．

　たとえば「馬」は horse だけでなく，stallion, pony, steed, nag, gee-gee など，どの語を選択するかにより指示対象（referent）や使用状況について伝えられる情報は異なる．また horse は一般的に「馬」をさすが，特定的には「成長した雄馬」「競走馬」「あん馬」「跳馬」「木馬」「騎兵」「チェスのナイト」「とらの巻」などさまざまで，生きた「馬」，作り物の「あん馬」「木馬」，人間の「騎兵」，チェス駒の「ナイト」などへと指示範囲も広がる．

　言語により連想される意味が違う場合もある．たとえば，日本語のレモンは一般的にはさわやかな香りや味と良い意味で使われるが，英語のlemon はむしろ酸っぱさからの連合的意味から比喩的にマイナス評価を含むことがある．レモンの実以外に，口語的には an unsatisfactory or feeble person or thing（ODE）を表し，「不快なもの」「つまらない物」「うんざりすること」「できそこない」「とろい奴」「魅力のない女」などをさすこともある．

　同じことばを使っても，その意味あるいは指示がずれる場合がある．日本語で「彼」はある特定の男性をさすにしても，恋愛関係にある男性を表すとは限らない．「頭」は文字どおりの頭のほか，メトニミーとして身体

全体，あるいは人間や役割をさしたり，位置のメタファとして「膝頭」や「文頭」などにも使われたりする．

　あるものをどういうことばで表現するか，ラベルやレッテルの選択の時点でも違ってくる．2016 年ノーベル文学賞にボブ・ディランが選出されたが，彼の歌も文学とみなすのか，ラベルに関して議論が生じた．さらにいえば statesman/politician，安保法案／戦争法案のどちらで呼ぶかは，ラベリング（labeling）をした人の視点や評価まで盛り込まれており，レッテルとして独り歩きをしてしまう．このような定義づけは，文字どおりの意味と語用論的推意（pragmatic implicatures）から立場の違いを対極化させる効力をもつ（Ilie（2009））といえよう．とくに攻撃するときに使う「怠け者」「嘘つき」といったレッテル貼りは，ネガティブな意味を前面に出し，それがその人のすべてであると決めつけてしまう圧縮表現として効果的な技法となる．

　伝達すべきことをわざと省略して受け手への手がかりを与えないという選択すらある．それを利用したオレオレ詐欺では，単に「オレ」と漠然と言っているだけで，受け手にその指示対象を特定させて「自分の息子」と思い込ませてしまう．そこでうっかり受け手が「太郎，どうしたの」とでも返してしまうと，電話の相手は太郎になりすましてだまし続ける．

1.1.2.　ことばを使う

　ことばには，伝えたい命題に対して使い手の命題態度（it-is-so）や発話態度（I-say-so）が付加されるという発話の三層構造がある（Lyons（1977））．これをさらに語用論的に深めると，命題に対して使い手の判断であるモダリティを付けたものが主張されることになる（毛利（1980））．基本的には命題を発話すること自体が何らかの主張となるが，発語動詞を使うことにより発語内の力（illocutionary force）が明示されたり，使われるモダリティの種類によりその程度が加減されたり，また命題部においても使い手の意識が投影されたことば遣いが含まれたりする．ことばを使う

4

ことは，語の選択だけでなく，さまざまな手段や仕掛を使って織り込んだり盛り込んだりする使い手の判断や感じ方の心理的指標としてモダリティも込められていることになる (Palmer (2001)).

(1)　6TH JUROR.　(*rising*) Well.　I was going to say, well, this is probably a small point, but anyway ...

（以下の下線は筆者，TAM）

(2)　10TH JUROR.　(*disgusted*) Ah, stop bein' a kid, will you?
　　　FOREMAN.　A kid!　Listen, what d'you mean by that?
　　　10TH JUROR.　What d'ya think I mean?　K-I-D, kid!

（TAM）

　(1) は，殺人事件の陪審員の議論での発言である．主張部の I say のなかに was going to で弱めたモダリティが挿入され，this 以下の命題部の a small point に probably でモダリティが付加されている．さらに逆説の談話標識 (discourse marker) の but に anyway を続けてから間をおく．おまけに2度も言いよどみの談話標識 well が使われており，第6番陪審員のためらう心がうかがわれる．(2) では，子ども (kid) 呼ばわりされたことを聞きとがめた陪審委員長が，kid とはどういうことかと第10番に詰めよる．第10番は，その形式をほぼエコーして反論し，わざわざ綴りまで教えて開き直る．この2人のやり取りは，kid というレッテル貼りが引き金となって，その発話の意図を問題にする (what d'you mean by that?)．それに対して K-I-D と単純な綴りをわざと提示することで，相手を侮辱する効果が増している．

　最終的な解釈は，時・人・場などの文脈を手がかりにして受け手に任せられることになり，ことばそのもののみならず，ことばに織り込まれたものや盛り込まれたものにも留意して読み解く必要がある．使い手が見せることばからその心を見なしていく，つまり表象からメタ表象を引き出そうとするメタ語用論的意識は欠かせない．

1.1.3.　ことばで遊ぶ

　同じ音の語でも綴りや品詞や意味が違う場合がある．このようなズレが
意図的に利用されて，ことば遊びなどが成立することになる．

　同音異義語は，辞書では語源が違う別項目で扱われても，話しことばで
はズレの原因となる．

(3)　Why is Sunday the strongest day?—Because all the other days
　　　are weekdays.

(4)　Why is a river so rich?—Because it has a bank on either side.

(3) では，Sunday と weekdays（週日）の対立を strongest と weak の対
立にもち込んで，weekdays と weak days を結びつける．綴りを見れば
別の語とわかるものの，音を利用し謎をかける．一方，綴りが同じ場合に
はズレはわかりにくくなる．(4) では，river の縁語 bank（土手）が語源
の異なる bank（銀行）にすり替わり，なぞなぞ仕立てとなる．そのうえ
川のどちら側にも銀行があるから，と落ちを補強する．

　多義語は，同じ語源から多様な意味のネットワークを構成する．(5) は
対句の形であるが，stars/lights と sky/room の語が入れ替わると，主節の
肯否が逆になって謎をかける．

(5)　When the stars are out in a dark sky, we can see the stars.
　　　When the lights are out in a dark room, we cannot see the
　　　lights. Why?　　　　　　　　　　　　　　　　　　　(SM)

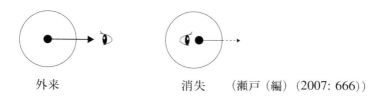

　　　外来　　　　　　　　消失　　（瀬戸（編）(2007: 666)）

ここでは，out の中心義「内側空間の外に（外在）」（瀬戸（編）(2007)）

6

が，どのような状況でどのように実現されるかによって意味の現れ方が異なる．上図のように，星は暗い空に出て来て見えるようになる「外来」，明かりは出て行き見えなくなる「消失」となる．中心義となる矢印の方向性（内→外）は同じであっても，その視点の位置取り（外側で見るのか，内側で見るのか）が違うため，見えることに関し逆の結果となってしまう．たとえば動詞を変え，The stars come out. と The lights go out. にすると違いがはっきりするが，ここではあえて *be* 動詞を使い構文を揃えることで out の多義を利用したなぞなぞに磨きあげられている．

(6)　What is the capital of America?—The letter A.

(6) の America の capital を尋ねる質問の答は，頭文字（capital）の A ということになる．このなぞなぞの America は語そのものをとりあげるメタ言語的用法である．ただ capital の多義をどう絞るのかは文脈次第であり，地理の問題ならば答は首都（capital）のワシントンでなければならない．

1.1.4.　織り込む評価

尺度や評価が織り込まれた場合には，潜在化された数値や程度を掘り起こす必要がある．(7a) とは異なり，(7b) では文脈によって掘り起こされる評価が角括弧にあるように大きく違うものとなる．

(7) a.　Sally has a brain.　[VERY GOOD BRAIN]

　　b.　Something has happened.　[SOMETHING IMPORTANT/ TERRIBLE]　　　　　　　　　　　　　　　(Carston (2002a: [7]))

(8)　He is a good doctor, as doctors go nowadays.（毛利 (1972: 7)）

(8) は，*as* 節を付加することで今時の医者の質の悪さが織り込まれ，医者としての力量評価に実は制限がつけられている．今時の医者は腕が悪いという相場を考えてみると，そのなかでは［良い］ということになる．全

面的な評価ではなく，付加節の限定条件をつけた評価に着目し，潜在化された相対的な評価値を読み解く必要がある．

1.1.5.　有標と無標

　送り手の心が織り込まれた部分は本来，有標（marked）として意識されるべきところであろう．しかし，ことばの経済性と慣用性に頼るあまり，ある種の思い込みが働いて見過ごしてしまうこともある．とりわけ慣用表現では定型化されているだけに，慣用的な無標の解釈といういわば「強い推意」をしてしまう．そこで「弱い推意」となると，解釈における逆転現象がみられる．強い推意と弱い推意のせめぎあいから，慣用性による思い込みとのギャップがあらわになったり，思い込みに逆行する有標の解釈になったりもする．

　(9)　A:　How are you?
　　　　B:　I'm fine, thank you.

　(9) は挨拶の慣用表現であるが，たとえば医者と患者の会話として考えると，How are you? は一般的な挨拶ではなく，医者が患者の容態がどうかを尋ねている特殊疑問になる．患者は当然，受診に来たので具合の悪い所を伝えなくてはならないのに，思わず愛想良く挨拶を返してしまった，というジョーク仕立てとなる．文脈により有標性さらには解釈が変わりうることを示している．

　What are you doing? もまた内容を問う特殊疑問であるが，通常は実際に行為を目の当りにしながらも割り切れず，相手の意図を問いただす慣用表現である．これは，問題となる事象に対する解釈をめぐり，その意図にまで踏み込むメタ疑問として機能する．

　(10)　　　I hadn't gone twenty yards when I heard my name and Gats-
　　　　　　by stepped from between two bushes into the path.　I must

have felt pretty weird by that time, because I could think of
nothing except the luminosity of his pink suit under the moon.

'What are you doing?' I inquired.

'Just standing here, old sport.'

Somehow, that seemed a despicable occupation.　　　(GG)

(10) では，暗闇から現れたギャツビーに驚いた語り手が What are you
doing? と問いただすと，Just standing here と返事が返ってくる．どうい
う意図かも答えずに，見ればわかることをそのまま答えるので，語り手は
強い疑念を抱いてしまう．その後，ギャツビーは（自動車事故を起こして
とり乱していた恋人の）デイジーが（電気を消して）寝つくのを見届ける
まで（彼女の家が見える）ここにいる（I want to wait here till Daisy
goes to bed.）と語る．となるとこの答はお茶を濁しているわけではなく，
自分の行動を率直に答えていたことがあとからわかる．ところが，実際に
はメタ疑問の答としては不十分であるため，いらぬ誤解まで受けてしまう
のである．

　では，どこまで答えればいいのだろうか．たとえば不在を知らせると
き，以下のように行き先や理由まで付けて知らせるのだろうか．

(11) a.　I'll be out from 4 to 6.

　　 b.　I'll be out at the Jones's from 4 to 6.

　　 c.　I'll be out at the Jones's from 4 to 6 to discuss the next
　　　　 meeting.

(Sperber and Wilson (1995: 269))

これは関連性（relevance）からみると，受け手がどれだけの情報で納得で
きるかということと関連して，伝えるべきものが違ってくる．(10) のよ
うに，少ないと余計な誤解を招くこともある．情報量が多ければそれだけ
解読の労が必要となるが，どれだけの労力でどれだけの結果を得られるの

かのバランスが重要になる．この最適の（optimal）関連性がコミュニケーションの鍵となるが，同時にそこから形成される推意にも程度の差が生じてしまう．

　私たちは，経済性にのっとり日常的な言語活動を行っている．使い手は状況に応じた情報量の調節をし，受け手はそれに応じた解釈や応答を選択する．これらは，文字どおりの意味とずらした意味，織り込む意味と盛り込む意味，慣用表現とアドホックな表現，さらに状況により変わる最適性など，ことばの解釈が無標か有標かによっても異なりをみせる．

1.1.6.　盛り込む心

　セクシュアル・ハラスメントをしないための心得として「明確なイエス以外はノーと思え」がある．イエスとすんなり言わずに，いろいろ理由をつけたりして要を得ない返事は，ノーと言いにくい状況で何とか心を察してほしいためである．このように使い手はある発話をするときに自分の態度や感情を込めることがあり，これを認識することは解釈には欠かせない（Sperber and Wilson（1995））．したがって，ノーとは言わなかったから［イエスだ］と決めつけるのは，相手の心を顧みない勝手な論なのである．

　見せることばに込められた使い手の心を見なすことは，たとえばアイロニー（irony）をはじめとするレトリックの理解にも有効となる．ピクニックで雨に降られたときに（12）と言えば，lovely ということばの文字どおりの意味とは裏腹な心を表す．また（13）では「過ち」を「経験」と言い換えるまやかしへの風刺が響いている．これらに盛り込まれた使い手の視線の棘（とげ）を読み解く必要がある．

(12)　It's a lovely day for a picnic.

(13)　Experience is the name everyone gives to their mistakes.

(Oscar Wilde)

(14)　CAVERSHAM.　... You don't deserve her, sir.

ARTHUR. My dear father, if we men married the women we
deserved, we should have a very bad time of it. (IH)

(14) ではやっと身を固めることになった道楽息子アーサーに，父が相手とは釣り合わないと苦言を呈する．ところが，息子は自分と釣り合う［駄目な］相手と結婚したらひどいことになると返す．息子は父のことばを逆手にとって，駄目人間だという織り込まれた評価を基点に，自分に釣り合わない［良い］相手と結婚する必要があるからこそ彼女と結婚するのだ，と正当化して反論する．このようなウイット（wit）に富んだ発想の連鎖がわかると，息子の盛り込んだ意図やみごとな切り返しを読み解くこともできる．

1.1.7. ことばのデザインを意識する

同じ語でも使い方により違う意味に，ときには逆の意味にも使われる．辞書にある文字どおりの意味で使うときも，そうでないときもある．必ずしも客観的なものばかりではなく，主観を込めて使うこともある．その心をどのように酌み取っていくのかは，コミュニケーションを行ううえで受け手に委ねられている．このような送り手の心の織り込みや盛り込みは，受け手に知ってもらいたいというもの以外に，受け手をはぐらかしたり，たぶらかしたりするために使われることもある．ときには悪意でねらいをつけてトリックを仕掛けたりする．

さらに使い手が意識的に有標性と無標性を逆転させて，肩すかしの効果をねらうものもある．それゆえに，推理小説，ジョークやなぞなぞなどのジャンルでは，有標に取り立てることで意図的にそして発展的に使用したり，逆に無標に紛れ込ませて誤誘導したりする．また意図的にラベルやレッテルを貼っての誘導なども行われたりする．つまり，見せることばのなかに使い手の好みや主観が織り込まれたり盛り込まれたりするので，そのモダリティ部分の峻別は欠かせない．ことばの重層的なデザインを意

識，察知し，使い手の心にできるだけ近づこうとすることが受け手には求められるのである．

1.2. 構図のデザイン――視点と発想

金太郎飴の断面は丸で金太郎の顔があるが，横から見るとただの四角形に見える．このように視点を変えると見え方が違ってくることはよく指摘される．同様に同じ事態でもことばにするときの視点により，たとえば何を主語に立てるかという構図によって，伝えられることは異なってくる．割れたコップを前にして「コップが落ちて割れた」と言うか，「コップを落として割った」と言うかでは，責任の所在が違ってくるのである．

構図のデザイン次第で主題的意味が異なるのは，選択したことばを使って文を組み立てるときにも，送り手の視点が反映されるからである．さらには，伝達すべきことを省略することで受け手に手がかりを与えない，あるいは気づかせないという選択すらある．視点のとり方1つで構図のデザインが違ってきて，結果的に違った見え方が提示されるのである．

1.2.1. 視点と発想法

日英語の表現形式のあり方の相違は「発想の相違」でもある（毛利 (1972)）．ことばに潜む発想の調整をつねに意識することは，論理と心理の道筋をたどることである．それはまた情報の提示法だけではなく，そこに含まれる発想法，つまり構図のデザインをも読み解いて，そこに盛り込まれた心に迫ることにもなる．

たとえば，川端康成の『雪国』冒頭とサイデンステッカーによる英訳をみてみよう．

12

(15) a. 国境の長いトンネルを抜けると雪国であった．夜の底が白く
なった．信号所に汽車が止まった．

b. The train came out of the long tunnel into the snow country.
The earth lay white under the night sky. The train pulled up
at a signal stop. (SC)

原作は日本語らしい主語の省略があるものの，詩情溢れる光景が眼に浮か
ぶ．車中の語り手が，トンネルを抜け出して広がる光景を見たまま表現し
たものである．一方，英訳では the train という主語の設定があり，トン
ネルを抜け出て来た汽車を外から眺めているようで，客観的な観察者とし
ての語り手の存在が感じられる．ここに日英語の表現法における発想の違
いが端的に表れている．

1.2.2. 比較の構図

比較構文には使い手の構図のデザインが組み込まれており，その発想の
違いを対照的に反映させると，その心が見えてくる．(16) では 5 ドルに
対する使い手の認識の違い——(a) の「5 ドルしかない」（上限読み）で少
ないとするか，(b) の「5 ドルもある」（下限読み）で多いとするか——が
推論できる．

(16) a. I have no more than five dollars.
b. I have no less than five dollars.

次のいわゆる「クジラの公式」でも，水中で生息し子を産むクジラは魚
類か哺乳類かという問題の決着に比較構文が使われている．第 1 公式と
第 2 公式をみてみよう．

(17) a. A whale is no more a fish than a horse (is a fish).
b. A whale is no less a mammal than a horse (is a mammal).

どちらも丸括弧の部分は省略されることが多いが，復元するとともに horse で終わっていた文の違いが明らかになる（森住 (2004)）．第 1 公式 (a) は明らかに偽であること (a horse is a fish)，また第 2 公式 (b) は明らかに真であること (a horse is a mammal) を引き合いに出している．これに比較と否定を反映させると，(a) では駄目なものは駄目でそれ以上にはならない上限読み，(b) では当たり前は当たり前でそれ以下にはならない下限読みとなる．このような発想を読み解けば，(a) の魚説がありえないことか，(b) の哺乳類説が当たり前のことか，は明らかになる．比較の体を取りながら，実は真偽が明白なものを引き合いに出すことで，それぞれの妥当性を主張していることにほかならない．ともに省略や比較や否定が絡んでいて，一見すると難しそうな対に仕立て上げられているが，比較構文における情報の提示法とそこに隠された発想の理解へと繋げていくことで，納得できる．

(18)　It might have been worse.

(18) の比較構文では，引き合いに出される「今」を補い，さらにその問題となる今の状態は［ひどい］という状況を反映させると，今よりもっとひどくなっていた可能性もあったという判断が表される．その結果［現状の，この程度のひどさですんでよかった］と慰めが盛り込まれているのがわかる．省略された，比較されるべき現状がどういったものであるかの推論が必要となる．

このように比較構文においては，何を引き合いに出すかを対照的にみて，つまり送り手が意図する比較の構図を明らかにすることによって，その心を掘り起こすことができる．

1.2.3.　構図を補う

比較構文以外にも，構図をデザインする心を受け手が読み込んで補う必要がある場合も多い．

14

(19)　I was sure <u>my career, if not my life</u>, was over.　　　　　(TTI)

(20)　On a good day he is very good-looking.　This is a very bad day.　　　　　(IH)

(19) の疑似仮定構文は my life とまでは言わないまでも my career は終わった，と語の使用を限定している．life と career を同じ尺度上にのせている点で，その落胆した気持が盛り込まれている．また (20) では三段論法でいけば，今日の彼はひどいという結論になるのを言わぬが花にして，あとは受け手の推論に任せている．どう補うのかを考える際には，ことばの使用に潜む発想やそれを支える状況を掘り起こす必要もある．

(21)　　The first thing she heard was a general chorus of "There goes Bill!" then the Rabbit's voice alone— "Catch him, you by the hedge!" then silence, and then another confusion of voices— "Hold up his head—Brandy now—Don't choke him— How was it, old fellow?　What happened to you?　Tell us all about it!"　　　　　(AAW)

(21) は，宙を飛んでいったトカゲのビルを助けようとしている動物たちの会話である．英語特有の名詞的圧縮表現 a general chorus （異口同音）や confusion of voices （喧々囂々<ruby>喧々囂々<rt>けんけんごうごう</rt></ruby>）が使われているが，どのような状況で誰がどう行動したのかといった状況の判断は，読み手に任されている．外の出来事を見ることができず話し声でしか判別できない状況にある she （主人公アリス）と同様に，与えられたことばを頼りに推論して補うしかない．

1.2.4.　構図の逆転
　角度を変えて読み直すと，構図の逆転による効果が実感できるものがある．

(22)　I can resist everything except temptation.　　　　(Oscar Wilde)

(23)　I have the simplest taste. I am always satisfied with the best.

(Oscar Wilde)

(22) の最初の想定 (I can resist everything) の例外が誘惑ということに
なれば，例外という構図は根幹から崩れて，そもそも意志の弱い人と逆転
する必要がある．しかしながら単に I cannot resist temptation. とした場
合と比べると，解釈する労力は多くても効果は絶大である．(23) では，
the simplest taste と最上級を使って，うるさ型ではないように思わせ，
続くことばで何でもいいとは言わずに the best でいつも満足と言う．そ
の嗜好は簡明でも，いつも最善のものと言うのなら，まったく構図が逆転
してしまう．これも the simplest に対する思い込みが the best によって
根底から覆され，おまけに格言 Simple is best. も覆される．いずれもオ
スカー・ワイルドならではの，当初想定される構図とのギャップや逆転の
トリックが盛り込まれている．

1.2.5.　視線の構図

　視点の動きに即した構図の取り方をみよう．「まだらの紐」(The Ad-
venture of the Speckled Band) の大詰めでは，ランプを持ったシャーロッ
ク・ホームズに続いて，語り手ワトソンが静まり返った暗い部屋の中に入
る．ランプの明かりで室内の様子が順次照らし出されていく．

(24)　It was a singular sight which met our eyes.　On the table
　　　stood a dark lantern with the shutter half open, throwing a bril-
　　　liant beam of light upon the iron safe, the door of which was
　　　ajar.　Beside this table, on the wooden chair, sat Dr Grimesby
　　　Roylott, clad in a long grey dressing-gown, his bare ankles
　　　protruding beneath, and his feet thrust into red heelless Turkish
　　　slippers.　Across his lap lay the short stock with the long lash

which we had noticed during the day. ①His chin was cocked upwards, and his eyes were fixed in a dreadful rigid stare at the corner of the ceiling. ②Round his brow he had a peculiar yellow band, with brownish speckles, which seemed to be bound tight round his head. As we entered he made neither sound nor motion.

照らし出されるものは，家具やロイロットの身体や衣服など特段変わったものでもないが，語り手の視線に沿った情報提示法がサスペンスをかもしだす．倒置文が多く使われ，目の付け所となる参照点を前置詞句で作り出し，そこから走らせる視線の先に見えてくる新しい情報をあとから提供し，さらにその詳しい説明を付けるという表現パターンを繰り返す．椅子に座っているロイロットの顎と目は，受身構文①で静態的に描写される．また②では，額に茶色のまだら模様の奇妙な黄色い紐をしっかり巻いているとする．この文は，倒置ではないものの，文頭の前置詞句が同じように参照点となって，新情報である紐を導入している．

(25)　'①The band! the speckled band!' whispered Holmes.

　I took a step forward: in an instant his strange ②headgear began to move, and ③there reared itself from among his hair the squat diamond-shaped head and puffed neck of a loathsome serpent.

　'④It is a swamp adder!' cried Holmes— '⑤the deadliest snake in India. He has died within ten seconds of being bitten. ...'

続いて①の「紐，まだらの紐」というホームズの突然のささやきにつられワトソンが1歩前に出ると，②でいきなりロイロットの頭に巻きつけられたものが動き出す．③では，髪の中から立ち上がったのは菱形の

頭と膨らんだ首，それはおぞましい蛇の首であったと述べられる．続く
④ の「沼蛇」と言うホームズの声と紐の動きで静寂が破られる．それまで
の静態的に綴られたサスペンスが突如，紐の動きによって破られ，蛇とい
う驚愕の発見となる．

　当初の band（紐）として描かれたものから，headgear（頭に巻きつけ
たもの），そして serpent（蛇）しかも swamp adder（沼蛇）で the deadli-
est snake in India（インドの猛毒蛇）へと正体が明らかになる．当時イギ
リスに毒蛇はいなかったこともあり，題名にもある the speckled band は
まだら模様のある蛇のことで，また headgear は頭に巻きつけたものでは
なく実は毒蛇が頭に巻きついていた，と発想の転換を求める構図が浮かび
上がる．そして，語り手ワトソンの視線に沿った静的な情報の提示による
サスペンスがまだらの紐の唐突な動きで破られ，そのあまりにも静かな光
景から一転して，毒蛇に嚙まれたロイロットの死という恐るべきサプライ
ズが明らかとなるのである．

1.2.6.　対照の構図

　マーク・トウェインの「アダムの日記」（Adam's Diary）と「イヴの日
記」（Eve's Diary）は，最初の人類アダムとイヴが日記をつけていたらと
いう奇抜な設定のもとで書かれた小品である．日記の内容の対応関係か
ら，2 編併せてまとまった作品として扱われることも多い．2 人が出会っ
て間もない日の日記をとりあげ，対照の構図をみたい．

(26)　　*Monday*　The new creature says its name is Eve. That is all
　　　　right, I have no objections. Says it is to call it by, when I want
　　　　it to come. I said it was superfluous, then. The word evidently
　　　　raised me in its respect; and ①indeed it is a large, good word
　　　　and will bear repetition. It says it is not an It, it is a She. This
　　　　is probably doubtful; yet it is all one to me; what she is were

nothing to me if <u>she</u> would but go by <u>herself</u> and not talk.

アダムの日記は段落1つだけと短い．アダムにすれば，新入り（the new creature）の名前がイヴだと言うのなら，それに異存はない．しかし来てほしいときに名前で呼べばいいと言うのなら，（自分は来てほしくもないので）名前など superfluous（余分千万）だと反論する．この大層なことばを聞いて相手も自分を見直したと思い，①で我ながら実にいいことばなので繰り返し使用するに堪えうると悦に入る．また自分に対する代名詞は It でなく She で，と言うイヴの主張に対して，話しかけないで1人でやっていってくれさえすれば，と呼び方についてアダムは無関心を決め込む．しかしこの日の日記の終わりには，アダムは it から she, herself（点線部）に切りかえている．

次はその日のイヴの日記である．7段落から構成されているが，(26) に対応する部分をみよう．

(27)　*Monday*　This morning I told him my name, hoping it would interest him. But he did not care for it. It is strange. If he should tell me his name, I would care. I think it would be pleasanter in my ears than any other sound.

He talks very little. Perhaps it is because he is not bright, and is sensitive about it and wishes to conceal it. ...

Although he talks so little, he has quite a considerable vocabulary. This morning he used a surprisingly good word. He evidently recognized, himself, that it was a good one, for _①<u>he worked it in twice afterward, casually.</u> It was not good casual art, still it showed that he possesses a certain quality of perception. Without a doubt that seed can be made to grow, if cultivated.

Where did he get that word? I do not think I have ever used

it.

　　No, he took no interest in my name. I tried to hide my dis-
appointment, but I suppose I did not succeed.

　イヴは，自分に興味をもってもらおうと名乗ったのにアダムが無関心なの
をいぶかり，自分なら相手の名前は何よりも心地良く響くのにと残念が
る．またアダムがあまりしゃべらないのは，賢くないのを気にして悟られ
ないようにするためだと勘ぐる．アダムは口数が少なくても superfluous
のようなとてもいい語彙ももっていると見直すものの，それを使ったとき
のアダム自身の気持や行動まで見透かす．アダムの日記では superfluous
は繰り返し使用に堪えうるとだけ述べられているが，実際それ以後 2 度
もさりげない風を装って使ったとイヴが ① で暴露する．それなりに感受
性もあるようで，うまく育てれば成長するだろうと評しつつ，自分は使っ
たことがないのにどうしてそんな難しい単語を知っていたのか，といぶか
るほどである．

　アダムとイヴの日記から，2 人の発想法の違いがみえてくる．名前の効
用を，アダムは実用的な因果関係（名前を呼べば来る），イヴは精神的な
関係（名前の主のことを知りたい）からとらえているが，そもそも相手と
して認めるのかという前提からくい違っている．アダムは話しかけられる
こと自体を拒絶しているのに，イヴのほうは話をしない理由を勘ぐって，
賢くないのを悟られないためだと対人関係にそれを求めている．基本的に
は，最初の人間として 1 人で生きてきたアダムと，初めから目の前には
アダムがいてある意味すでに社会に生まれ落ちたイヴとの，認識の違いが
前提にある．それに呼応するように，人との繋がりへの欲求度や相手の名
前に対する関心度も異なってくる．

　この段階のアダムはいわば自己充足していて，単なる新入りでしかない
イヴが話しかけてくるのを迷惑がり，自分の領分を守ろうとしている．ア
ダム自身はまだ意識していないものの，早くも対人関係の悩みが生じてい

20

るのである．好むと好まざるとにかかわらず，話しかけてくるイヴの存在
をアダムは無視できなくなっている．さらに superfluous ということばへ
の意識やその再利用も相手あってのものである．1人きりでいたときには
考えられなかったような社会性やポライトネス（politeness: Brown and
Levinson（1987））の意識が，実はアダムにも芽生えてきている．つまり，
少なくとも自分の領域には侵入されたくない気持（ネガティブ・ポライト
ネス）と，面子（face: フェイス）を保ち評価されたいという気持（ポジ
ティブ・ポライトネス）が交錯している．

　簡潔な「アダムの日記」に饒舌な「イヴの日記」を配することにより，
人類最初の男女における異文化間コミュニケーションの世界が描かれてい
る．

1.2.7.　構図のデザインを意識する

　発話の三層構造の各レベルでは，モダリティなどを含むことばの選択に
よる情報の修整（elaboration）が行われている．このような重層構造をも
つ情報の立体読みには，さらに「会話の流れの中にあってしかも直接コト
バにはあらわれていない表情・動作等を行間から読みとる」ことや「対象
言語とメタ言語が混在する場面でコトバの重層構造に注意しつつ文意を正
確に読みとる」ことも求められる（毛利（1992））．表情・動作等も内なる
心の発露であると考えると，表象とメタ表象にも重層構造があることにな
る．

　したがって，送り手のことばを選ぶ視線や発想，仕掛けられた構図やト
リックのデザインを意識して立体読みをすると，ことばに幅や溜めがある
ことだけではなく，それを読み解くおもしろさや楽しさが実感できる．ま
た，文学作品などにおいて受け手に許された特権の1つとして，ときに
は時空を超えた読み方をして，そこに含まれるさまざまな重層的な構図の
デザインを読み取ることもできるのである．

1.3.　表現のデザイン—心の綾

　何かを伝えるために，いくつもある候補のなかからどの表現を選ぶかについては，伝え手の考え方や態度に加え，相手にどのように受け取って欲しいかというメタ語用論的意識がかかわってくる．ここではレトリック，すなわちことばの彩としての表現をいくつか選び，そこに伝え手のどのような心の綾が読み取れるのかを示していく．

1.3.1.　代用

　あるものを，それと類似した性質や機能をもつものに見立てて表現する代用法をメタファ（隠喩）という．たとえば，劇場のカーテンが降りて劇が終わるのになぞらえて，死のことを the curtains と言ったりするのがその例である．the leg of a desk のように，固定化・陳腐化して日常語となり，もはやメタファとは感じられないものも多い．いずれにしても，その本質は，まったく違う領域のものの間に新しい類似関係を見出し，その2つを重ね合わせるところにある．引き合いに出されるものに対する連想に飛躍や意外性があるほど，文体的効果は高まることになる．一方で，あまりにもかけ離れると理解されにくく，また定着して鮮度が落ちればその効果は減少する．多くのメタファは，最初は目新しく感じられても，繰り返し使われるにつれてやがてそのインパクトは弱まっていく．「身体が悲鳴をあげる」「心が折れる」「ハートをわしづかみ」「頭が真っ白」などというメタファも，はじめは斬新な表現だったが，今では使い古された感がある．

　2016年のアメリカ大統領選で候補者であったヒラリー・クリントンが，選挙戦でたびたび使った the glass ceiling というメタファも話題になった．この表現は「女性の昇進を阻む障害」などというよりずっとインパクトが強く，またイメージしやすい表現で，女性大統領が実現するまで使い

続けられることになるだろう．次はクリントンが敗北宣言をしたときの一節で，「もっとも高く，硬いガラスの天井」という表現に，初めての女性大統領の誕生がいかに困難であるかという無念な気持をにじませている．

(28)　Now, I know we have still not shattered that highest and hardest glass ceiling, but someday someone will ─ and hopefully sooner than we might think right now.　　　　(Nov. 9, 2016)

また (29) は高速増殖原型炉「もんじゅ」をとりあげた朝日新聞（2016年 12 月 22 日）の社説の一節である．最後に説明があるが，もんじゅを舞台俳優に喩え，現在おかれている立場を皮肉まじりで伝えている．

(29)　主役は故障や不祥事続きで舞台にさっぱり上がれず，金づかいばかり荒い．ようやく降板させると決めたが，公演を中止すると騒ぎになるから「いずれ上演」の垂れ幕は下さない．代役はまだ生まれてもいないが，「いずれ」がいつかは明言していないから大丈夫─．高速増殖原型炉「もんじゅ」（福井県敦賀市）を廃炉にし，代わりに新たな高速炉の開発を進めて核燃料サイクルは堅持する．政府のこの方針をたとえて言えば，こんなところか．

　あることばが指示する対象を，その属性，あるいはそれと時間的・空間的に近い関係にあるものにずらして表現する方法をメトニミー（換喩）という．人の一生を表して from the cradle to the grave というのは，birth と death という抽象語を，それらを象徴する具象語で置き換えていることになる．同様に The pen is mightier than the sword. の pen は「言論」，sword は「武器」を表す．また大統領府を，それが置かれた建物や場所で表すのもその例で，アメリカの「ホワイトハウス」，ロシアの「クレムリン」などがおなじみである．日本の首相官邸や政界の代名詞である「永田町」，官公庁を表す「霞が関」なども同様である．

　人間に関するものでは，軍隊の実戦を担当する係を「制服組」，事務官僚を「背広組」と呼んだりするのも，身につけているもので人間を表していることになる．また「米国でも注目度が増す<u>24 歳</u>から目が離せない」（2017 年 1 月 6 日の朝日新聞の，プロゴルファー松山英樹についての記事）や，「日本の<u>17 番</u>が決めました」（同年 3 月 24 日ワールドカップ予選での今野のゴールの実況放送）などは，年齢や背番号でその人物を表す言い方である．

　メタファとメトニミーの違いは，前者が指示対象は変わらないがその表現が変わる「言い換え」であるのに対し，後者は表現は変わらないがその指示対象が変わってしまう「さし替え」という点にあるといえよう．これらが相手に伝わるのは，類似性，もしくは近接性に基づく連想が理解されているからである．

　シネクドキ（synecdoche: 提喩）は，全体で一部（drink → alcohol），逆に一部で全体（campus → school），材料で製品（film → movie），属で種（vehicle → car），逆に種で属（bread → food）を表したりするもので，メトニミーとの区別が難しいことも多い．琵琶湖を「うみ」と周辺の住人が呼ぶように，一般名詞を使って特定のものをさすこともある．シネクドキは，特定の国や人をさすにもかかわらず，「敵（反）対勢力」「仮想敵国」「関係者」などと呼んだりして，ぼかし表現として使われることも多い．ハリー・ポッターの話のなかで闇の帝王ヴォルデモートを怖れるあまり，名前ではなく you know who（例のあの人）と呼ぶのも同様である．

　同じ指示対象に対して，単調な繰り返しを避けて別の言い方を使うことがあり，これを変奏表現（variation），あるいは代称という．たとえば人を名前で呼ぶ代わりに，職業や地位で呼んだり，年齢や体格，服装や雰囲気などの角度から描写したりする．変奏表現にはメタファなどのレトリックがよく使われるが，単なる言い換えだけでなく，情報を付け加えたり，詩的な効果をねらったり，場合によっては話し手の情報操作の手段としても使われる．

　通常，英語では意識して強調する場合以外には同じ語句の繰り返しを避け，代名詞か類義表現で表すことが多いが，変奏表現は意味づけや記述の仕方の違いを反映する．1つの指示対象について，いくつかの表現を使用する場合には，情報の繋がりを保てるようなものでなくてはならない．

(30)　So insatiable is the public's interest in <u>Princess Diana</u> that every book about her, regardless of the quality of writing, is an automatic bestseller. [...] Part of her aura is that <u>Miss Spencer</u> was still a virgin at 19 when she wed <u>the crown prince</u>. Many people assumed that after their estrangement, <u>the mother of two</u> would revert to sexual restraint in contrast to <u>her husband</u>.

(*The Sunday Magazine*, April 16–22, 1995)

　(30) では Princess Diana という人物を，結婚前の Miss Spencer，結婚後の the mother of two という英語特有の変奏表現で描き分けている．同様に the crown prince も結婚すれば her husband となる．同じ指示対象でもそのときどきに果たす役割や立場を入れることで，情報を追加すると同時に，受け手には描写の各座標に応じた評価，ひいては解釈の変更をも促すこととなる．

　また「<u>広島</u>に黒い雨が降ってから48年が経ちました．<u>人類で最初に原爆の洗礼を受けた街では</u> ...」という1993年8月のニュースの例でも，広島が世界で最初に原爆を落とされた街であるという，受け手の言語外の知識に基づく言い換えになっている．

1.3.2.　反復・対比

　同じ語句を繰り返して言う反復（repetition）の最大の目的は強調であるが，意味を統一，拡大，確認し，リズムを生み出す効果ももつ．アメリカのキング牧師のスピーチ（1963年）における I have a dream の繰り返しはあまりにも有名であるが，同じ演説で反復はほかにも多くみられる．

(31) もその例で，Now is the time のあとに不定詞でその内容を述べる
という形式を繰り返している.

(31)　Now is the time to make real the promises of democracy.

Now is the time to rise from the dark and desolate valley of
segregation to the sunlit path of racial justice.

Now is the time to lift our nation from the quicksands of racial
injustice to the solid rock of brotherhood.

Now is the time to make justice a reality for all of God's chil-
dren.

(32)　I forgot the object that had brought me into her presence; I for-
got the vile suspicion that rested on my good name; I forgot
every consideration, past, present, and future, which I was
bound to remember.　　　　　　　　　　　　　　　　(MS)

(32) は，愛する女性との再会を果たし，気持が高揚して我を忘れた男
性の心情を表しており，I forgot を重ねることで，それが強調されている.

またアメリカのリンカーン大統領のゲティスバーグにおける名高い演説
の最後の部分 of the people, by the people, for the people も反復によっ
て印象を強いものにしているうえに，of, by, for を効果的に使い分けて
いる.

対比は複数の語を比較することにより，各々の特色を際立たせて強調す
るレトリックである. わかりやすく印象的なので，演説のほか，ことわざ
や格言，標語などによくみられる. たとえば「遠くの親類より近くの他人」
「芸術は長く人生は短い」などがある.

(33)　From being one of the most popular and admired people at the
school, Harry was suddenly the most hated.　　　　(HSS)

(34)　Ask not what your country can do for you, ask what you can

<u>do for your country.</u>   (John F. Kennedy)

　ある出来事をきっかけに，学校の英雄的存在だったハリーが一転して嫌われ者になってしまう．(33) はこの急激な状況の変化を，最上級の形式で対比している．(34) はケネディ大統領の就任演説（1961 年）の有名な一節で，「国が何をしてくれるかではなく，自分が国のために何ができるかを問いなさい」と呼びかけている．明晰な対比表現で，国民の主体性を発揚して発想の転換を促している．

1.3.3.　心の綾

　強意のために物事を極端に拡大して大きく表現するか，あるいは逆に極端に縮小して表現することを誇張法（overstatement, hyperbole）という．大げさに言ってメッセージを効果的，印象的に伝えようとするものであり，これがよくみられるのが広告やテレビなどのコマーシャルで，誇張法と誇大広告とは紙一重である．誇張法はまたユーモアにも通じる．(35) は身体の太さ，(36) は想像力の貧しさを誇張して表現している．

(35)　I wouldn't say he was fat, but the other day on the bus he got up and offered his seat to three women.　　　　　　　　(PDJ)

(36)　'Mr Bruff, you have no more imagination than a cow!'　　(MS)

　控え目に言って，かえって意味を強める手法が緩叙法（understatement, meiosis）で，表面上抑えたことばで想像をかきたてる表現である．日本語で「私も研究者のはしくれですので」と言って，プライドをにじませるのもこれである．

(37)　SCAR.　And here's my <u>little</u> secret: I killed Mufasa.　　(LK)

(38)　... worse still, she was <u>not over-respectful</u> now, on the few occasions when Miss Rachel accidentally spoke to her.　　(MS)

（37）はスカーが兄殺しという重大な告白をする場面で，little secret と抑えた言い方をしている．（38）では，女主人レイチェルに対する召使の態度を「丁寧すぎるものではなかった」と否定を使って控え目に表しているようにみえて，むしろ非常に無礼であったことを暗に述べている．

　また，形は疑問文で意味は陳述という表現法である修辞疑問は，問いかけの形をとることで，受け手に対して訴えかける力をもつ．

（39）　'... I have believed in that man. I have promised to marry that
　　　man. How can I tell him he is mean, how can I tell him he
　　　has deceived me, how can I disgrace him in the eyes of the
　　　world after that? ...'　　　　　　　　　　　　　　　　　　（MS）

（40）　Harry couldn't eat. He had almost forgotten about Flamel. It
　　　didn't seem very important anymore. Who cared what the
　　　three-headed dog was guarding? What did it matter if Snape
　　　stole it, really?　　　　　　　　　　　　　　　　　　　　（HSS）

　（39）では，一度は結婚を決めた男性の裏切にあった女性が，それでも彼を傷つけることができないその心情を「〜できるはずがない」と修辞疑問で畳みかけて強く訴えている．（40）では，鏡の中に姿を現した亡き両親と再会したハリーが，そのことで頭が一杯になり，それ以外のことなどいくら大事なことであってもどうでもよくなった気持を表している．

　アイロニー（皮肉）は非常に複雑で，定義も難しいが，そのもっともわかりやすい形は，ことばの文字どおりの意味と実際に言おうとする意味が裏腹になった，反語的用法である．たとえば，1日中ついていなかった人が What a nice day! と言ったとしよう．その不運な状況を知っている人なら，それを額面どおりの意味でとれば事実と矛盾すると判断し，逆の意味で使ったと解釈するだろう．このようなアイロニーでは，文字どおりの意味を経由するものの，実際にはその逆の意味を表しており，そこには伝達者の強い感情がこめられている．重要なのは，的確に文脈を理解できて

28

こそ，つまり現実とことばとの落差に気づいてこそ，アイロニーとして解釈できるということである．(41) では，兄であるムファサ王が激怒していると聞いたスカーが，「怖くて震えてしまう」と心にもないことを言いながら歯をむいて，それを伝えたザズーを威嚇している．

> (41) SCAR. Oh now look, Zazu; you've made me lose my lunch.
>
> ZAZU. Hah! You'll lose more than that when the King gets through with you. He's as mad as a hippo with a hernia.
>
> SCAR. Oooh ... I quiver with fear. (*On "FEAR" Scar crouches down and is baring his teeth at Zazu.*)
>
> (LK)

アイロニーよりも明瞭な意図をもちつつ，対象をややえん曲に批判，揶揄する手法がサタイア（風刺）で，「戦闘的なアイロニー」といわれる (Frye (1971))．2016 年 12 月 7 日のタイム誌は，「今年の人」にトランプ次期アメリカ大統領を選んだ際に，United States of America（アメリカ合衆国）ではなく Divided States of America（アメリカ分断国）としている．

ユーモア（humour: 諧謔）は，なんとなくおもしろおかしく，ときには滑稽で思わず笑いを誘ってしまう表現である．アイロニーとは異なり，おかしいなりにも包み込んで受け入れる寛容さや温かみがなければならない．英米文化では，このユーモアはとくに重視される．(42) はユーモアに関するユーモアの例である．

> (42) Everything is funny as long as it is happening to somebody else. (Will Rogers)

ウイット（機知）とは，ユーモアがより明確な意図をもって，それとわかるようにはっきりと表現されたもので，受け手を楽しませ，ときには驚かせる知的な表現である．時として辛らつに相手をやり込めることもあ

り，(43) ではモラルがないのかと非難された者が，相手との社会的身分の違いを逆手にとって「そんな余裕はない」とやり返している．

(43)　PICKERING.　Have you no morals, man?

　　　DOOLITTLE.　No!　I can't afford 'em, Governor.　　　　(MFL)

パロディ（parody）は，ある作家や作品の主題・思想・スタイルなどを模倣し戯画化することによって，茶化したり，風刺をきかせたりするものである．たとえば，Where there's a will, there's a way.（精神一到何事か成らざらん）ということわざが，will の多義性を利用した世俗的な内容に言い換えられて (44) のようになる．

(44)　Where there's a will, there's a lawsuit.

(45)　SCAR.　I will be king! . . . Stick with me (*triumphant, toothy grin*), and you'll never go hungry again!　　　　(LK)

(45) では，兄を亡き者にして，自分が王位につこうと企むスカーが，手下のハイエナたちに向かって「自分について来れば，飢えたりさせぬ」と言明するところで，映画 *Gone With the Wind* の有名なセリフ I will never be hungry again. を口語調に崩した表現でもじっている．オリジナルの場面とのギャップもあり，笑いを誘う場面である．

1.3.4.　表現のデザインを意識する

ここであげたレトリックとは，他者に対して自分の言いたいことを効果的に伝えるための表現の工夫である．メッセージを正確に伝えるだけでなく，そこに何らかの色づけや響きを加えることは，文学作品の専売特許ではない．事実を伝えながらも，それに修整を加えて相手から目論見通りの反応を引き出す工夫は，日常の言語使用のなかでもよくみられる．自分の話で人を楽しませたい，笑わせたい，驚かせたい，印象づけたい，あるいは逆に強すぎる内容を和らげたい，なごませたいなど，使い手はさまざま

なねらい，つまりメタ語用論的意識をもちながらことばを使っている．したがって受け手としても，そこで使われていることばや構図のみならず，表現のデザインにも留意しつつ，使い手の心の綾に迫ることが大切である．

1.4. ことば遣いの意識——情報の修整

ことばの送り手はメッセージを伝えるとき，ことばを選択し構図を決定するが，さらにそこには心の織り込みや盛り込みなども関係してくる．加えて，ことばのやりとりでは相互作用的な意識をたどるメタ語用論の視点が必要となる．このメタ語用論的意識は明示されるとは限らないので，受け手はその含みを意識して読み取ることが求められる．この節ではこのメタ語用論的意識を表す指標の具体的な手法をとりあげる．

1.4.1. メタ語用論的意識の指標

Culpeper and Haugh（2014）は，メタ語用論的意識の明示的指標（explicit indicators of metapragmatic awareness）として4つ——① 語用論的標識（pragmatic markers），② 伝達法（reported language use），③ メタ語用論的表明（metapragmatic commentary），④ 社会言説（social discourse）——をあげている．これらは，情報の使い方，伝え方，織り込みと盛り込み，また解釈の枠組（frame of interpretation）を意識させるものである．たとえば断定を避けようとするとき，語選択のレベルで垣根表現（hedge）とみなされる語句や，内容の事実性を弱める意味をもつ動詞を選択することもあるが，あえて他者のことばを引用するといった方法の選択も可能となる．

1.4.2.　ぼかしの指標

　私たちが情報を伝えるとき，その情報が真だと断定して「知っている」部分を顕示して伝えることもあるが，情報が真であるらしいとぼかして断定を避けた表現をとることもある．また情報の発信者を明示し，その情報の真偽に関しては，その発信者に帰することができるとして，送り手である自分の断定を避ける形で伝えることもある．

　たとえば I went back at nine. と言えば，これは事実を断定的に述べているが，perhaps を付加して Perhaps I went back at nine. となると，I went back at nine. で表されている内容の事実性に対して，情報の送り手のためらいの気持が表されることになる．この perhaps のような語は垣根表現としてまとめられ，Culpeper and Haugh の用語では語用論的標識と呼ばれるものの 1 つである．

　またぼかし表現として，seem のような命題の信憑性を弱める働きをもつ動詞もある．これも送り手が感じているある種のためらいや確信のなさというようなメタ語用論的意識の指標となる．

　さらに John said A. と伝達形式を使って発話したとすると，伝達内容 A がたとえ事実と違っていても，その真偽に関して責任を負うのは原話者 John であるので，その原話者を明示することで，発話者は命題内容に関しては嘘をついていないという立場を守ることができる．このような言い方も，情報の提示の仕方として，その情報を断定することを避けた形で聞き手に伝えるという点で，巧妙な方法といえよう．これは Culpeper and Haugh の伝達法の 1 つにあたる．

　ここで推理小説に例を求めてみよう．アガサ・クリスティの劇の最高傑作といわれている『検察側の証人』（*Witness for the Prosecution*）は，殺人の罪に問われている被告人レナードの裁判をめぐって，ドイツ人妻であるロメインが不可解な行動をとるという形で話が進行する．

　まずレナードの例をみる．

32

(46) LEONARD. I worked in a petrol station, but things got a bit awkward and I left.

MAYHEW. Awkward? In what way?

LEONARD. (*Embarrassed.*) Well—the boss's daughter—she was only a kid, but she took a —well, a sort of fancy to me—and there was nothing there shouldn't have been between us, but the old man got a bit fed up and said I'd better go. He was quite nice about it and gave me a good chit. (*He rises and suddenly grins.*) Before *that*, I was selling egg beaters on commission. (*He replaces the chair* L. *of the fireplace.*)

MAYHEW. Indeed.

LEONARD. (*Crossing and standing above the desk; boyishly.*) And a rotten job they were, too. I could have invented a better egg beater myself. (*Catching* MAYHEW's *mood*) You're thinking I'm a bit of a drifter, sir. It's true in a way—but I'm not really like that. Doing my army service unsettled me a bit—that and being abroad. ...

(46) はレナードが自分の裁判の件を相談するためにやってきた弁護士事務所でのやりとりである.「僕にちょっと気があった」,「うんざり気味で」,「幾分は本当で」など垣根表現が多くみられる.

(47) LEONARD. I can't see why they don't think it was a burglar. I mean, apparently the window was forced and smashed and a lot of things were strewn around, so the papers said. (*He resumes his seat.*) I mean, it seems much more probable.

(47) でレナードは, 被害者が（自分ではなく）強盗に殺されたという

ことを匂わせて，世間の人がなぜそのように考えないのかと述べている．こじ開けられた窓，粉々のガラス，ものが辺り一面にまき散らかされていたことが新聞に載っていた，とする．強盗の仕業であると断定することを避けながらも，その方向へ聞き手を誘導しようという目論見がうかがわれる箇所で，ぼかし表現が多用されている．

(48)　MYERS.　Yet she never asked you to bring your wife with you to the house.

　　　LEONARD.　No.

　　　MYERS.　Why not.

　　　LEONARD.　Oh, I don't know.　She didn't like women, I don't think.

　　　MYERS.　She preferred, shall we say, personable young men? And you didn't insist on bringing your wife?

　　　LEONARD.　No, of course 1 didn't. You see, she knew my wife was a foreigner and she—oh, I don't know, she seemed to think we didn't get on.

　(48) はレナードがマイヤーズ検事から尋問を受けている箇所で，垣根表現として働いている I don't think の例である．否定の先行文に否定の I don't think が後続するこの評言節 (comment clause) は，肯定の場合よりも不確定性を強く表すとされる (Quirk et al. (1985))．

　一方，妻のロメインがどんな形で工作していくのかは注目に値する．

(49)　ROMAINE.　(*Crossing and standing above the chair* L. *of the desk: now openly mocking*) And suppose that then, when you ask me— (*She imitates a man's voice.*) "When did Leonard Vole come home that night?" I should say …

　　　SIR WILFRID.　Well?

> ROMAINE.　There are so many things <u>I could say.</u>
>
> SIR WILFRID.　Mrs. Vole, do you love your husband?
>
> ROMAINE.　(*Shifting her mocking glance to* MAYHEW) <u>Leonard says I do.</u>

　(49) でロメインは，法廷における質問を想定して，その答えをいかようにも言えると言う．たまりかねたウィルフリッド弁護士は彼女の気持を問いただすが，これに対しても，彼女は通常の答としての yes/no の形で言質を与えずに，「レナードはそのように（私が夫を愛していると）言っていますけれど」と，レナードのことばを借りる形で返事をする．これでは本当に夫を愛しているのかと疑惑を抱かせるような答え方である．

　誰かの発言であれば，たとえ内容が偽であろうとも，話し手は関係ない立場に退くことができる．事件の核心にふれるところでも，この策を講じることで，自分は嘘をついていないという立場を守ることもできるし，偽なることを述べて周囲の人を誤誘導することも可能となる．あるいは，真なることを誰かの発言を借りていったとしても，その真偽の責任は自分に降りかからない．

1.4.3.　社会言説

　ロメインは，なぜか「夫は犯人ではない」と言い立てるのではなく，逆に夫のことばを借りることで「夫はどうやら犯人らしい」と匂わせる発言をする．このロメインのやり方は，彼女が外国人であるということに関係する社会言説を自ら利用したものである．物語では，ロメインや他の登場人物の発話で，彼女が外国人であるということがたびたび言及されており，しかも彼女に負の評価をくだす文脈で使用されている．外国人であるうえに夫に不利な発言をするロメインは信用できない，などという評価に，戦禍のなかにあるドイツから夫に救出されたことを忘れた恩知らずということがさらに加わる．

　　次例はウィルフリッドがメイヒュー事務弁護士に語るロメイン評である．

(50)　SIR WILFRID.　She's a foreigner, too.　Nine out of the twelve in
　　　　a jury box believe a foreigner is lying anyway.　She'll be
　　　　emotional and upset, and won't understand what the prose-
　　　　cuting counsel says to her. ...

ウィルフリッドは，事務室からレナードが警察に連行されたあと，妻のロ
メインが当然夫の弁護側の証人になるということを前提にして，裁判の成
り行きを心配する．その心配の種というのが，ロメインが外国人であると
いう点である．メイヒューに向かって，ロメインが外国人であること，陪
審員 12 人のうち 9 人までが外国人は嘘をつくと思っていること，おそら
く彼女は感情的になってとり乱し，検事が彼女に向かって使うことばも理
解できないだろう，と当時の外国人に対する偏見をことばにして予測す
る．この当時の社会言説が，解釈の枠組としてこの戯曲の仕掛の底流をな
している．

　　これをロメインは逆手にとる．英語母語話者ではないため，他者のこと
ばを借りて語るという語り口も不自然には聞こえない．外国人ゆえの不器
用さと思わせ，自らの真偽判断を明確にしないことにより，不信感を抱か
せるテクニックとして功を奏しているのである．

　　ロメインは当時の外国人に関係する社会言説を枠組にして，他者から引
用したことばを駆使することで，自らの断定を避けて信憑性を疑わせる発
話をする．結果的に真実を嘘と思わせることに成功し，夫を無実に導くこ
とになる．

1.4.4.　断定・強調・矮小化の指標

　　レナードが断定を避けた表現をとっている箇所は，事件の核心に触れる
ところというわけではなく，いわばその周辺部分にあたる．肝心のところ

36

をためらいの気持を付加して表現すると，逆に周囲に疑念をもたれないとも限らない．周辺部分で垣根表現を多用し，肝心のところで断定的な表現を使用することで，犯人であることをカモフラージュしているとも考えられる．

次例はレナードが当日の行動を述べる箇所である．

(51) LEONARD. Well, I got there at a quarter to eight. She'd finished her supper but I had a cup of coffee with her and we played a game of Double Demon. Then at nine o'clock I said good night to her and went home.

実際はこの間に凶行が行われたのであるが，(51) では断定を避ける表現はまったく使用されておらず，焦点をずらして言い切り文（categorical assertion）(Simpson (1993)) を連続して使い，疑惑を回避しようとしている．

(52) ROMAINE. (*With a distinct irony.*) You think Miss French looked upon Leonard as a son?

SIR WILFRID. (*Flustered.*) Yes, I think so. Definitely I think so. I think that could be regarded as quite natural, quite normal under the circumstances.

さらに強調して断定をする場合もある．(52) では，被害者とレナードの関係を親子に見立てようとするウィルフリッドの作戦に，ロメインはト書にあるように「明らかな皮肉を込めて」問い返す．You think ...? と確認する形式をとって，ウィルフリッドの考えを揶揄する．それに鼻白むウィルフリッドが Definitely と強調して，さらに自らのメタ語用論的表明の natural と normal を quite で強調する．

次例では，レナードの経済状況をめぐることば遣いが問題となる．

(53)　MYERS.　<u>I put it to you</u>, you were <u>pretty</u> <u>desperate</u> for money?

　　　　LEONARD.　<u>Not desperate</u>. I—<u>well</u>, I <u>felt a bit worried</u>.

マイヤーズは挑戦的に I put it to you と発話態度の表明をして，レナードの懐具合を desperate とメタ語用論的表明を行う．それに対しレナードは，メタ言語で否定し，well でことばを濁しながらも desperate を worried と言い換える．おまけに付加する pretty をより軽度の a bit に変え，相手の pretty desperate という強い評価のレッテルを felt a bit worried でことさら弱く言い換えて，事態の矮小化をはかっている．

　このように，ぼかし表現だけでなく，言い切り文による断定や強調，さらには矮小化によって，使い手は自らの情報の修整を意識的に行うのである．

1.4.5.　情報の修整を意識する

　相互行為では，使い手は自身の発話のみならず，受け手として相手の発話との意識的な調整や切り盛りをする．ことば遣いをめぐるメタ語用論的意識を表す指標をどのように使い，コミュニケーションの目的を果たしていくのか．ことばのやり取りのなかで，命題部をなす概念的意味の重要さもさることながら，それをどのように評価，伝達し，あるいは相手をどのように導こうとするのか，という情報の修整はたえず行われていることにも留意すべきである．ことばを使用するということは，このようなメタ語用論的意識の流れのなかで使うということである．したがって，使われたことばは対人関係や情報管理をも意識した総合的な観点から，立体読みをする必要がある．

1.5. 裏を読む―論理と実際

　受け手はことばだけではなく行間を読む．これは，ことばに明確に表れていない使い手の心を読み取ることであるが，ときには気を回すあまり，だからどうなるのかまで読み取ろうとすることがある．たとえば天気予報で降水確率10%のとき，少なくとも雨の可能性が0%ではないのだから傘を持って行くのか，10%にすぎないのだから傘を持たずに行くのか．降水確率のとり方により，傘をどうするのかが違ってくる．あるいはなぞなぞでおなじみの，毎日1分ずつ遅れる時計と止まっている時計を考えてみよう．止まっている時計なら，少なくとも毎日2回は必ず正確な時をさす計算になるが，それがいつなのかはわからない．1分ずつ遅れる時計は正確ではないが近似値なら推定できる．どちらのほうがましなのだろうか．

　このような論理的正しさと語用論的適切さのいずれをとるかにより，その判断や結果は違う．とりわけ語用論的適切さには受け手の判断が入り込み，おまけに状況に応じて基準が変わることもある．それは往々にして，裏を読んで隠された心を探り出そうとする主体的な解釈行為とも繋がっていく．

1.5.1. ブラックスワン

　人間の経験の限界や知識のもろさを表す実例の1つに，オーストラリア大陸で「黒い白鳥」（black swan）が発見されたことがある．これは，例外があるという可能性を，論理的にではなく経験する現実としてとらえようとする人間の傾向を示すものとして再評価されている（Taleb (2010)）．その結果，論理的な外れ値（outlier）としての black swan の予測可能性と，実際に存在した例外的事象の Black Swan が与える影響を混同してしまうことにもなる．論理的に例外があることよりも，実際に例

外があったという例外的事象の希少性・衝撃性・遡及的予測可能性のゆえ
に，後付け（*after* the fact）の説明をする傾向もみられるのである．

　2015 年 12 月 28 日栃木市で落とし物として届けられた年末ジャンボ宝
くじ 2000 枚（60 万円相当）が結局 12 万円の当たりくじとなったニュー
スがあった．これは，落とし物を届けた女性の寄付であった[1]と判明して，
その寄付方法が取り沙汰された．寄付をするのなら宝くじではなく現金で
すればよかったという論は，当選額が購入額を越える可能性も論理的には
あったわけで，まさに後付けの論にすぎないのである．

1.5.2.　アルゴリズムとヒューリスティックス

　時間がかかったとしても必ず正解が得られる計算手続きのアルゴリズム
（algorithm）と対照的な考え方として，ヒューリスティックス（heuristics）
がある．市川（1997）によると，これは「常に正解に至るわけではないが，
多くの場合，楽に速く正解を見つけられる『うまいやり方』をさし，『発
見法』などと訳される」一方で，「とんでもない答えを導いてしまうこと
もある」ので，ときには「『手を抜いたやり方』というニュアンスで『簡便
法』と訳されたりする．」この発見法は，だからどうなると解釈を自ら発
見しようとする推論プロセスにもみられ，論理と推論とでは出てくるもの
も違ってくることになる．

　ちなみに数字をめぐり「金額が大きいとマヒ」「『値引き』『特別』に弱
い」「状況で基準を変える」などの人間のもつ傾向の指摘もされている（山
田（2005））．とくに「状況で基準を変える」は，解釈を発見するプロセス
で文脈に応じた判断をするということにも通じ，大きな変動は見えないと
いう人間のランダム性やよくある代表的なパターンに重ね合わせて判断し
てしまう代表性発見法などと同様に，思いがけない認識の偏りを引き起こ
す認知バイアスとなりうる．前述の宝くじが当たる確率と購入額を考えて

---

[1]　http://www.sankei.com/life/news/160201/lif1602010028-n1.html

みても，パーセンテージか絶対額か，そのどちらで考えるのかは悩ましい
ところである．

1.5.3. 尺度をめぐる論理と推論

　Grice（1975）の会話の公理の，量の第 1 下位公理「（さしあたってのため
めに）必要な情報は与えよ」から，同一尺度上のより弱い言い方を選択す
るということは，話し手はそれ以上は成立しないと思っていることが引き
出せる（Horn（1996），Carston（1998））．たとえば some と all は同一尺
度上にあるが，some と言うからには上位概念の all ではないという尺度
推意（scalar implicature），いわば語用論的な裏読みができる．これは状
況によりキャンセルも可能である．

　Clark（2013）は，以下の例文の解釈をめぐる子どもと大人の有意差を
示した実験結果（Noveck（2001））を紹介している．absurd で問題になら
ない（54）と適（appropriate）になる（55）に対し，（56）では判断が大き
く分かれる．（56）を認めるのは，7 〜 8 歳の子どもは 89%，10 〜 11 歳
でも 85% にのぼるが，大人は 41% と過半数が不適（inappropriate）とい
う反応である．

(54)　Some stores are made of bubbles.

(55)　Some birds live in cages.

(56)　Some giraffes have long necks.

(Noveck（2001: 179），Clark（2013: 341））

（55）の籠の鳥のような特殊な状況に対し，（56）ではキリンは首が長いと
いう属性を述べている．（55）の籠の鳥という外れ値，（56）の長い首のキ
リンという標準値に対して some を使ったことになるが，子どもはそれに
は構わず判断をしている．過半数の大人は，尺度推意（より下位の some
を選択することで，より上位の all は成立しないことになる）により，not
all を使った裏読みの（55′）（56′）を引き出す．（55′）は籠の鳥ではない一

般的な状況を表すので問題はないのに対し，(56′) の特殊な状況からはさらに首の長くないキリンというありそうにもない例外的事象の外れ値まで引き出してしまい，(56) を不適と判断することになる．

(55′)　Not all birds live in cages.

(56′)　Not all giraffes have long necks.

子どもは比較的弱い言い方でもまず論理的に扱い，語用論的に引き出しうる幅を意識するのはもっと大きくなってから (Noveck (2001)) であり，この実験の論文名 (When children are more logical than adults) が示唆するように，人間の成長過程では推論の成熟度に差があることになる．子どもはあくまで some において成立すればよいと判断するのであって，some を not all ととる尺度推意やその上位概念の all の使用を阻む要因については構わず，ましてや首の長くないキリンなどは思ってもいないと考えられる．述べられた論理に終始し，それ以上の（余分な）推論の労などとらない．一方，大人は (55) と (56) で，その表す状況に応じて判断の基準を変えたり，裏読みをしたり，例外的事象まで引き出したりするのである．このような実験結果から，子どもが推論をしないことに併せて，語用論的不適切さなど考えもしないことが示唆される．

　さらに興味深い点としては，Sperber and Wilson (1995) の言うように話し手が無知である場合も想定される．これは，命題内容の真偽を棚上げにして，それに対する使い手の知識のあり方を示していることになる．そうなると，(56) からは (56′) 以外に，さらにキリンの首に関する使い手の無知という想定 (56″) も引き出されかねず，大人はそれを避けるためにも (56) を不適と判断すると考えられる．

(56″)　The speaker doesn't know whether all giraffes have long necks.

これは，(56′) からの例外的事象（首が長くないキリン）を過大視するあまり，その属性（キリンは首が長い）を棚上げすることになる．単なる尺

度上の関係だけではなく，話し手の知識と連動させることにより，さらに弱い推意を引き出す．ここにも語用論的に引き出されうる推意の幅がみられる．

1.5.4. あるのかないのか

2014 年 1 月に報道された STAP 細胞（Stimulus-Triggered Acquisition of Pluripotency cells）という世紀の大発見は，その後批判を受け，同年 6 月には論文の撤回に至った．その際の報道について，池上彰は日本経済新聞「池上彰の大岡山通信――若者たちへ――6」のコラム（7 月 21 日）で，文科系と理科系に分けて受け取り方の相違について，以下のような指摘をしている．

(57)　論文が撤回されたということは，STAP は存在しないことを意味するのか．

　　　こう問われた科学者たちは，「ないとは言いきれない」と答えてきました．これを見たり聞いたりして，「なんだ，やっぱり STAP 細胞はあるらしい」と受け止める人もいることでしょう．

　　　ここに，文科系と理科系の人の反応の違いがあるように思えます．

さらに理化学研究所の検証実験報告を受けて，東洋経済 ONLINE で小長洋子は以下のような記事（12 月 19 日）を書いている．[2]

(58)　会見で，検証実験責任者の相澤慎一チームリーダー，直接実験を行った丹羽仁史副チームリーダーともに，「論文のプロトコルに沿って実験を行ったが，再現できなかった」という言い方をした．科学に疎い一般人には，何やら含みのある言い方のよう

---

[2] http://toyokeizai.net/articles/-/56392

に聞こえるが，科学者が科学的に確信を持って言えるのはそこまでだということであり，「実は STAP はある」といった含みはない．

　「あるかどうかはわからないが，今回の検証実験では再現できなかった」というのがいちばん正確な表現だろう．「ない」ことを証明することは『悪魔の証明』と言われるように，ほとんど不可能に近い．すべての可能性を網羅したうえで否定しなければならないからだ．これに時間とコストをかけることは無駄な努力と言っていい．

問題となる「再現できなかった」という表現は，前提となる存在そのものの否定なのか，あるいは今回の実験方法によってできなかった結果の報告なのかがはっきりしていない．これはある意味，上述の（56）と似た状況を呈する．したがって，小長は「今回の検証実験では再現できなかった」とその因果関係を明示する必要を指摘する．注意すべきは「あるかどうかはわからないが」という但書をつけた点である．論理的にいえば，今回の実験でできなかったからといって，すぐに存在の否定には繋がらない．論理的にないと言い切るのは不可能に近く，棚上げせざるをえない．そこで「悪魔の証明」という表現になるのである．

　ところが，この理科系の慎重な「ないとは言い切れない」を聞いて，文科系は「だからあるのか」と裏読みして推論を飛躍させてしまうこともある．この「ないとは言い切れない」は（56″）と同様，命題そのものより使い手の立場，この場合は使い手の無知を表明したものにすぎない．ところが，これを単なる否定ではなく，もって回った二重否定をとるからには何かあるのではと裏読みして，命題内容にまで踏み込んでしまうのである．

　さらに分子生物学会会長の大隅典子東北大学大学院教授は，4 月 16 日に行われた故笹井芳樹副センター長の記者会見の「STAP 現象を前提にしないと容易に説明できないデータがある」という発言では「STAP 細胞」

とは言っていないと指摘する。[3] これはブラックスワンの区別を意識した
ものと考えられる。ブラックスワンを発見してからでなければ，ブラック
スワンを含む理論を作ることはできない。Taleb も指摘しているように，
理論というものを「検証」することは非常に難しく，「反証」することは非
常にたやすいのである。

　問題はいずれも真理値がわからないということにある。伝え手が真偽の
判断を棚上げして自分の所信としては断言できないと命題態度を厳密にす
ればするほど，受け手の方はだからどうなるのと命題にまで踏み込んで，
語用論的に裏読みしてしまうこともありえるのである。

1.5.5. 論理と実際

　この STAP 細胞をめぐる議論から，人間の性向を垣間見ることができ
た。捏造や改ざんはもってのほかではあるが，あることとないことの関係
の難しさが浮かび上がってくる。「ある」とされるものを「ない」と言い切
れるのか，さらに「ない」ものは「ない」と言い切れるのであろうか。そ
こに人間の経験や知識のもろさがうかがわれるが，それでもなお私たちは
ある発話を聞いて，自分なりの解釈を発見しようとする。その際の状況に
よって基準を変えてしまう性向は，まさに関連性による解釈の発見法のゆ
るさにも通じるといえよう。語用論的に引き出しうる幅があるからこそ，
できるだけ簡便に絞ろうと，だからどうなるのと推論するのである。

　理科系の考え方は，例外の存在を否定しきれないというものである。し
かしそれを聞いた文科系は，そう言うのだからと裏読みして，あると解釈
してしまう。つまり，Taleb が厳密に区別すべきと指摘した論理的予測可
能性（black swan）と例外的事象（Black Swan）が混同された論となって
しまう。理科系の人間が（56″）のような無知の場合も含め例外の存在が
検証できないということで，ある意味萎縮した物言いをするのとは対照的

---

[3] http://nosumi.exblog.jp/20586616/

に，文科系の人間は否定できないのだからあるということだ，といわば針小棒大に飛躍して推論してしまうのである．

　STAP 細胞の検証実験は，まさに Taleb の言う後付けの説明といえよう．つまり例外的事象を重視するあまり，文部科学大臣の「小保方晴子氏でなければ STAP 細胞を証明をするのは困難だ」という発言[4] が出て，検証実験に多大な費用と時間がかけられた．誰がやっても再現できてこそ検証実験となるはずであるのに，小保方氏の参加が必要条件のようになってしまった．この場合の「検証」は本来の論理的意味の中心にある「その仮説の真偽を確かめること」（広辞苑）というよりは，STAP 細胞があることを前提にしたうえで，その妥当性の証明に傾いた言い方になっているといわざるを得ない．ここに，この例外的事象の衝撃度ゆえの認知バイアスがうかがわれる．

　かくして数千万円もかけた検証実験が行われ，問題の STAP 細胞論文は，ES 細胞が混入したものとして研究不正が認定されることになった．しかしながら，今回の論文の手法ではできなかったからといって，STAP 細胞の存在の可能性が否定されたことにはならない．その後も手法を変えて STAP 現象を扱う論文もいくつか発表されており，このことは Black Swan としてもまだ否定されたわけではないことを示している．

1.5.6.　認知バイアスを意識する

　送り手は必ずしも客観的事実を伝えるわけではなく，自分の主観などを盛り込んで修整したりすることもある．この発話の三層構造を踏まえて，受け手は送り手のことば遣いからメタ語用論的意識をとらえ，そのメタ表象まで察知することが求められる．送り手のことば遣いに込められたメタ語用論的意識を探索・察知するインテリジェンスとして，さまざまな情報に隠された重要な情報やトリックを見抜き，近似値の解を予測する謎解き

---

[4] http://www.sankei.com/life/news/140617/lif1406170012-n1.html

の技を磨くことは欠かせない．また読み取る際には，受け手自身の無知や
認知バイアスなども意識する必要がある．

第 2 章

誰が語る
—物語の場合—

2.1. 語りと語り手

　本章では物語における語り手の役割についてみていく．あらゆる物語には，出来事を組み立てて配列する語り手がいる．物語は語り手によって構築される出来事の世界である．語り手は物語世界でばらばらに起こった出来事を，因果関係や時間的関係によって結合し，まとめて一貫性をもつものにする．同じ事柄についてでも語り方は無限にあり，どう語るかは，語り手の自由に委ねられている．物語世界の無限の情報のなかから何を語るか，あるいは語らずにおくかという取捨選択や，情報をどのように配列してどのように叙述するかは語り手の裁量である．

　「語る」というのは，日常的でごくありふれた，しかもありとあらゆる所にみられるユビキタスな言語行為である．これをよく似た意味をもつ「話す」と比べてみると，話すという行為が話し手と聞き手が次々と交替する双方向的なものであるのに対し，語るという行為は話し手と聞き手がある程度固定される一方通行的なものである．対話において 1 人がある出来事について長々と話したり，ときには他者の人格になって表情や身振

り，話し方をまねながら報告したりすることがある．そういう場合には話しから語りへ，話し手から語り手への移行が行われていると考えられる．このように話しと語り，会話と物語は連続的なものである．

2.1.1. 物語

　物語は語られるもの，すなわち物語内容（what to tell）と，その語り方，すなわち物語言説（how to tell）という2つの面に分けて考える必要がある．そして物語内容はもちろんのこと，それをどのように語るか，という物語言説におけるデザインや修整がきわめて重要である．時間の扱い方や視点のとり方によって，語り方は大きく変わってくる．

　語り方は，一般に2つの基本様式に分けられる．1つは出来事の経過をかいつまんで報告する要約法（summary）であり，もう1つは出来事の経過を詳細にわたって報告する場面法（scene）である．要約法においては，語られる事柄は過去の出来事として把握される．これは読み手に情報をできるだけ簡潔に要領よく，そして客観的に伝えようとする，パノラマ的な描写法である．

(1) Nearly ten years had passed since the Dursleys had woken up to find their nephew on the front step, but Privete Drive had hardly changed at all. (HSS)

　(1) では，ダーズリー家が甥を引き取ってからの10年間がわずか1つの文で述べられている．このように要約法は，物語が完結したあとでいわば全知の（omnicient）視点から語るもので，言説の時間は物語内容の時間に比べて短くなる．

　これに対して場面法は，いま現在目の前で出来事が展開しているかのように詳細に伝えるクローズアップ的な描写法である．読み手は登場人物と一体化し，その目をとおして出来事を体験する．(2) では身体が硬直する魔法をかけられたネビルの様子——ほとんど瞬時に起こったいくつかの身

体的な動き――が細密に描かれており，語りの時間は実際よりも長くなる．

(2)　　　She raised her wand.

"Perificus Totalus!" she cried, pointing it at Neville.

Neville's arms snapped to his sides.　His legs sprang togeth-
er.　His whole body rigid, he swayed where he stood and then
fell flat on his face, stiff as a board.　　　　　　　　　(HSS)

要約のみで構成されているのが梗概であり，場面のみであれば劇とな
る．多くの物語はこれら 2 種類の様式が混ざり合って構成されており，
その割合や配列のしかたで物語の印象は大きく左右される．

登場人物と読み手のもっている情報量の多寡によっても印象や反応は異
なる．推理小説における事件の叙述のように，視点の置かれた人物（視点
人物）と同じだけの情報しか読み手がもたない場合は，その人物と一体と
なって出来事を経験する．

(3)　　　He came to his room, inserted the key in the lock, threw the
door open and entered!

Good gracious, was he seeing things?　But who――how――he
saw the upraised arm too late . . .

Stars exploded in a kind of Guy Fawkes' display within his
head . . .　　　　　　　　　　　　　　　　　　　　(BH)

(3) では，部屋に潜んでいた人物が誰なのか，そして彼の身に何が起
こっているのか，この時点では視点人物（he）にもそして読み手にもわか
らず，謎のまま話が進行していく．

(4)　　　The two men arrived at the ranch in a dark blue van.　They
parked in the courtyard and got out of the car, carefully look-
ing around.　Dan Wayne's first thought was that they had come

50

to take possession of the ranch. He opened the door for them.

"Dan Wayne?"

"Yes. What can I . . .?"

That was as far as he got. The second man stepped behind him and hit him across skull with a blackjack.　　　　(DC)

読み手のほうが視点人物より多くの情報をもつ場合は，一段高い位置から筋を追うため，スリルやサスペンスが生まれる．(4) では，牧場にやってきた男たちが殺し屋であることを読み手は知っており，何も知らないダン・ウェインがドアを開けるとき，読み手は彼を待ち受ける危険を察知し，はらはらしながらなりゆきを見守る．

(5)　As he was about to replace them, his eye caught sight of a book that bad been shoved behind the other books. It was a small dumpy volume bound in brown dalf.

He took it out and opened it. Very slowly he nodded his head.

He murmured:

'So I was right . . . Yes, I was right. But for the other—is that possible too? No, it is not possible, unless . . .

He stayed there, motionless, stroking his mustaches whilst his mind ranged busily over the problem.　　　　(EUS)

登場人物は知っているが読み手は知らない場合は，秘密を知る人物との心理的距離が相対的に大きくなる．(5) では視点は探偵ポワロの近くに置かれているものの，彼の心の内がすべて明らかにされているわけではなく，彼が手にした本が何を意味するのか，That や it が何をさすのか，その頭のなかでどのように推理が進んでいるのかなどは読み手には知らされず，秘密めいた印象を与える．

2.1.2.　三人称の語り

　三人称の語りには，語り手が物語世界のすべてに精通している全知の語りや，1 人，あるいは複数の人物に視点を置いてその心の内を描き出す語りなどがある．その視点のとり方もさまざまで，外部からの描写と内部からの描写が使い分けられる．次は視点の位置を少しずつ切りかえながら，読者を誤誘導する例である．

(6)　　"I apologize for disturbing you at this late hour, Miss Mc-Gregor. I'm superintendent Cominsky."

　　"We've had a report that an escaped killer was seen entering this building a short time ago."

　　①There was a shocked look on Kate's face. "Entering this building?"

　　"Yes, ma'am. He's armed and dangerous." Kate ②said nervously, "Then I would very much appreciate it, Superintendent, if you would find him and get him out of here."

　　"That's exactly what we intend to do, Miss McGregor. You haven't seen or heard anything suspicious, have you?"

　　"No. But I'm alone here, and there are a lot of places a person could hide. I'd like you to have your men search this place thoroughly." [...]

　　③Superintendent Cominsky could see how nervous she was, and he did not blame her. She would be even more nervous if she knew how desperate the man was for whom they were looking. "We'll find him," the superintendent assured Kate.

　　④Kate picked up the report she had been working on, but she was unable to concentrate. She could hear the police moving through the building, going from office to office. Would they find him? She shivered. [...]

₅Superintendent Cominsky was embarrassed. "I'm sorry to have troubled you, Miss McGregor." He turned to the handler and snapped, "Take these dogs out of here."

"You're not leaving?" ₆There was concern in Kate's voice.

(MG)

　ケイトは，家の前に警察車両が止まり，多くの警官が降りてくるのを部屋の窓から見ている．①②で警視に視点が移り，ケイトを外側から描写しているのがわかる．③では自由間接話法（free indirect speech）を使って警視の心中が記述されている．④では視点がケイトに切りかわり，その内面がやはり自由間接話法などで描写されている．⑤では警視の内面，⑥では彼から見たケイトの様子が描かれている．実はケイトは，警察が追っているこの逃亡者をかくまっているのだが，サスペンスを保つため，巧みに視点を切りかえてその情報提示を遅らせている．読み手は「逃亡者が屋敷に逃げ込んだと聞いて，ケイトがおびえている」という思い込みのもとで①〜⑥を解釈する．④以外は警視の気持やその目を通したケイトの様子がそのまま語られている．④はKateの心の内を表すが，仕事に集中できなかったり，身震いしたのは逃亡者が見つからないことへの不安からだと読み手は考える．本当はその逆で逃亡者が見つかることを恐れていたからなのであるが，そこは語り落とされている．また地の文に偽りはないものの，ケイトの発話のなかには嘘が含まれている．こうして読み手は完全に語りのトリックにはめられる．視点を巧みに移動させ，ケイトの本心をカモフラージュすることによって，誤誘導に成功しているのである．

2.1.3.　一人称の語り

　一人称の語り手は物語の外にいる場合と，そのなかの登場人物である場合がある．後者であっても，自分が語る物語の主人公や中心的人物である

場合と，周辺的な人物の1人にすぎない場合がある．

　一人称の語りでは，原則として語り手自身が見聞きすることや，人間として知り得る範囲内の事柄しか語られないため，読者に提示される情報はかなり制約される．語り手は自分自身の内面については「はだかの事実」として記述することができるが，ほかの人物については，外側から見るだけで，全知の語り手のようにその心の中まで入っていくことができず，「見え」すなわち自分の想像や推測，印象を述べることしかできない．

　語り手の限定された認知能力や言語能力をそのまま語りに反映させている例もある．ダニエル・キースの小説『アルジャーノンに花束を』（*Flowers for Algernon*）では，知的障害をもつチャーリーという人物が語り手になっている．この人物の限られた言語能力を示すため，語りは綴りや文法の間違いが目立つ稚拙な文体になっている．次は冒頭の部分である．

(7) Dr Strauss says I shoud rite down what I think and remembir and evrey thing that happins to me from now on. I dont no why but he says its importint so they will see if they can use me.

　ところが手術によってチャーリーの知能が急上昇し，人並み以上になるにつれ，文体は標準的なものに変わっていく．やがて手術の副作用で再び知的能力が落ちていくのに伴い，文体も逆戻りしていく．

　推理小説などでは，事件を調査，推理して謎解きをする探偵と，いつもそばにいてその行動を観察，報告する助手という組合せがよくみられる．シャーロック・ホームズとワトソン，エルキュール・ポワロとヘイスティングスなどがよく知られている．語り手はつねに凡庸な相棒のほうであり，その視点から事態の進展が叙述される．これは謎解きを最後までとっておくための手法で，もし驚異的な推理力をもつ探偵が語り手として自分の考えていることを語れば，早々と犯人が判明し，ミステリーとしての興味は失われるであろう．ワトソンやヘイスティングスが物語るからこそ，

サスペンスやミステリーが最後まで持続するのである．

　一人称スタイルの言説のトリックとして有名な作品がクリスティの『アクロイド殺人事件』(*The Murder of Roger Ackroyd*) である．語り手自身が犯人であることは，巧妙な語りのトリックによって最終段階まで明かされない．推理小説の場合，作者が読者に仕掛ける罠は，巧妙に仕組まれた犯行のトリックだけでなく，言説のなかに潜んでいることが多い．

　同じ一人称の語りではあるが，ウィルキー・コリンズの『ムーンストーン』(*The Moonstone*) は，多重の語り (multiple narrative) の形をとるミステリーの傑作である．ヒンズー教の至宝であるムーンストーンと呼ばれるダイヤモンドがインドの寺院から盗まれ，イギリスに渡る．しかしそれが持ち込まれた屋敷からも忽然と消えてしまう．この謎めいた事件について，何人かの語り手がかわるがわる登場し，一人称で，ときには手紙や日記の形をとりながら証言を行う．それぞれの人物が見聞きした範囲のことを語ることで，まるでジグソーパズルが埋められていくように，事件の全容が見えてくるという設定になっている．

　同じく多重の語りとして知られるのがクリスティの『5匹の子豚』(*Five Little Pigs*) である．ポワロはある女性の依頼を受け，16年前に夫殺しの罪で終身刑を宣告され，獄死した彼女の母親の無実を晴らすべく捜査を開始し，5人の事件関係者の記憶をたどりながら照合，確認していく．人物たちの記憶に残る断片的なことばや当時の状況が再検証され，同じ状況について，複数の人物が異なる認識や見方を示すなか，真実が少しずつ姿を現してくる．

　これら2作品の多重の語りの違いは，『ムーンストーン』の場合，証言する人物たちは自分の見知っていることを包み隠さず告白しており，誠実で信頼できる語り手であるのに対し，『5匹の子豚』では再捜査に協力する語り手たちのなかに真犯人が含まれることもあり，その証言には誤った認識に基づく推測，故意の隠蔽や嘘などが混在し，全面的には信頼できない語り手 (unreliable narrator) になっている点である．

2.1.4.　語りの仕掛

　物語言説では，提示する情報の取捨選択だけでなく，どういう順序でど
こまで語るか，あるいは視点をどこに置くかという提示のしかたによっ
て，読者に与える印象は大きく変わってくる．物語内容と物語言説の時間
的な不整合には，出来事を事後に回想する後説法や，先取りする先説法が
あるが，ほかにも省略，休止，持続，速度，頻度などともかかわってい
る．そしてこの不整合は，読み手にさまざまな反応――代表的なものとし
てはサスペンス，キュリオシティ，サプライズなど――を生じさせる．ま
た物語をどこから眺めるか，誰の声で語るかによって，まったく違うもの
が見えてくる．語り手は物語世界を眺めるレンズをさまざまに調節するこ
とにより，読み手の反応をコントロールする．この調節が語り手の読み手
に対する情報操作の 1 つであり，語りの焦点をどこに合わせるか，どこ
まで絞るかで，読み手の感情移入のありかたも違ってくるのである．

2.2.　誰のことば？　考え？

　私たちはさまざまな目的のために，過去に行われた発話を自分の談話の
なかに取り込む．その場合，他者（あるいは自分）が過去の出来事のなか
で話したことばを報告することもあれば，文学作品や演説の一節を使っ
て，相手を説得したり，自分の知識を披露したり，その場を盛り上げよう
とすることもある．また，お決まりのジョークなどで人を楽しませたり笑
わせたりすることもある．このようにほかの発話を引用する必要が生じた
とき，私たちはそのことばの出所が受け手にわかるように，引用すること
ばと，伝え手としての自分のことばを区別して提示するのがふつうであ
る．その提示の仕方にはいくつかの種類があり，それがいわゆる話法であ
る．

2.2.1. 発話の表示

Leech and Short (2007) は，他者の発話を引用する方法として，原話者のことばをそのまま伝える直接話法 (DS: direct speech)，原話者のことばを伝え手が自分のことばに直して伝える間接話法 (IS: indirect speech)，その中間的な自由間接話法 (FIS: free indirect speech)，発話行為があったことを要約して伝える発話行為の報告 (NRSA: narrative report of speech act)，伝達部が示されず発話のみで構成される自由直接話法 (FDS: free direct speech) などがあるとし，NRSA は伝え手が報告を全面的にコントロールするが，DS・IS・FIS は部分的にコントロールするだけであり，FDS は語り手の支配の範囲外であると述べている．以下ではこれらのうち，DS, IS, FIS, そして NRSA についてみていく．

2.2.2. 動詞による裁量

DS は引用することば（被伝達部）と，自分のことば（伝達部）との間に明確な境界を設けて伝達する方法である．これは過去の発話の再現であり，話しことばでは伝達部との間に短いポーズをとり，ときには原話者の話し方の特徴や表情などのパラ言語も模倣したりして，皮肉や滑稽さを伝えることもある．また書きことばでは，引用符によって伝え手のことばと分離され，原発話で用いられていることばがどのようなものでも，引用部にはそのままの形で導入することが可能である．(8) (9) では『ハリー・ポッターと賢者の石』(*Harry Potter and the Sorcerer's Stone*) のなかで，森の番人ハグリッドが地方なまりや俗語を混ぜて話している．

(8) "Ah, shut up, Dursley, yeh great prune," said the giant ...

(9) "Do you mean ter tell me," he growled at the Dursleys, "that this boy—this boy!—knows nothin' abou' about—about ANYTHING?"

ハグリッドのことばは，DS でなければ伝えられない要素を多く含んでい

る．これを IS などで語り手のことばに変換してしまうと，原発話のもっていた特徴や味わいが消えて，ハグリッドというキャラクターの印象さえも変わってしまうであろう．

　被伝達部は発話の再現なので伝え手の介入の余地はないが，伝達動詞としては ask, answer, say, tell などの発語動詞だけではなく，cry, whisper, yell など発話の様態を表す動詞が用いられることもある．また begin, continue, repeat など談話の流れとのかかわりを表す中立的な動詞のほか，demand, explain, protest, urge など発話内容の解説や解釈を表す動詞も使われ，そこにも伝え手の意図や裁量が反映される．この場合，伝達動詞によるメタ語用論的表明が行われていることになる．

(10)　"Are you up yet?" she demanded.

(11)　"Malfoy's got detention! I could sing!"
　　　"Don't," Harry advised her.

(12)　　"Go to Professor McGonagall!" Hermione urged Neville.
　　　"Report him!"

　(10) (11) (12) では，使われている動詞により発語内の力が示されている．発話内容だけをみると，(10) では demand 以外にも ask, inquire などの発語動詞が可能である．(11) (12) ではそれぞれ advise, urge のほかにも ask, beg, demand, implore, plead, order, tell などの行為指示動詞 (Directives: Searle (1975)) が考えられるが，動詞で発語内の力を明示することにより，発話内容がもつあいまいさを解消している．

2.2.3.　伝え方の裁量

　IS は，原話者のことばを伝達者の視点に置き換えたうえで提示するので，場面に依存する代名詞や時制などの直示表現はすべて変更され，疑問文・命令文・感嘆文などの場合は文形式も変わる．say, tell などの伝達動詞や接続詞が使われる以外は，引用符のように伝達者のことばと区別でき

58

る明確な境目は存在しない.

(13) A witness in the case told local media that Brown had raised his Arms to police to show that he was unarmed before being killed. (*The Japan Times*, August15, 2014)

(14) He said that knowing my brother so well, he hoped he might be permitted to make the acquaintance of his charming sister— your charming sister, I've got mixed up, but you know what I mean." (MRA)

(15) 'Tell Colonel Herncastle,' she said, when I gave her her brother's message, 'that Miss Verinder is engaged, and that I decline to see him.' [...] I went downstairs with the message, of which I took the liberty of presenting a new and amended edition of my own contriving, as follows: 'My lady and Miss Rachel regret that they are engaged, Colonel; and beg to be excused having the honour of seeing you.' (MS)

(13) は事件の目撃者のことばを,不要な部分を省いて要領よく伝えている.このように IS は発話を要約して述べるのに適している.(14) では伝え手である「私」が,聞き手である弟に対し,原話者のポワロの発話を IS で伝えているが,his charming sister の his が誰をさすのかあいまいなので,「その魅力的な姉」とはポワロの姉ではなく,あなたの姉である私のことなのだと強調しているところである.最初は伝え手の役に徹していたが,伝達の段階で相手との関係が介入したために,言い直したのである.(15) では,ヴェリンダー嬢(Rachel)の母親(my lady)が,訪ねてきた兄ハーンカッスル大佐と会うことを拒み,語り手である召使に追い返すよう命じる.召使いは自分の裁量で,女主人のことばをそのままの形ではなく,できるだけ角を立てぬよう regret, beg to be excused, honour of seeing など,ていねいなことばで言い換えたうえで大佐に伝えた,と

報告している.

　次の IS は典型的な形ではなく, 伝達部が省略されたり, 通常は伝達動詞とされない表現がその働きをしたりしている例である.

(16)　He stopped a passing guard, but didn't dare mention platform nine and three-quarters.　The guard had never heard of Hogwarts and when Harry couldn't even tell him what part of the country it was in, he started to get annoyed, as though Harry was being stupid on purpose.　　　　(HSS)

(17)　Oh, Adam.　I just talked to the vet and they had to put Oliver to sleep.　　　　(SD)

(18)　Ron ①wanted to skip Herbology and go straight down to the hut.　Hermione ②wouldn't hear of it.　　　　(HSS)

(19)　I asked for leave to go to the bazaar on Saturday night.　My aunt was surprised and hoped it was not some Freemason affair.　　　　(AHF)

　(16) は, ハリーが駅員にホグワーツ行きの列車のことを尋ねる場面である. 下線部はそれに対する駅員の答えで, The guard (said he) had never heard of Hogwarts の括弧部分が略された形になっている.（17）でも下線部は獣医の発話内容を表し, その前に伝達部の he said が省略されている.（18）は伝達形式になってはいないが, NRSA である下線部 ②からもわかるように, ① は発話を表し, 本来心理動詞である want が伝達動詞の代わりをしている.（19）でも同じく心理動詞の hope が伝達動詞の働きをしている. ほかにも suppose, think などの心理動詞がこのように用いられる.

2.2.4.　描出と裁量

　FIS は描出話法とも呼ばれ, DS と IS の中間形態ととらえられること

60

が多い．文学作品などで三人称の語り手が語る文脈に生じ，人称や時制で
は間接性を示すが，伝達動詞や引用符がないなど語り手の存在が目立たな
いという点で自由さも併せもつ．

(20) And then the story started to spread: Harry Potter, the famous Harry Potter, their hero of two Quidditch matches, had lost them all those points, him and a couple of other stupid first years. (HSS)

(21) ... Caroline slipped quickly down to the Battery garden and tackled her husband. What he is doing is shameful! She won't stand for it! It's unbelievably cruel and hard on the girl! (FLP)

(20) は，ハリーたちが失態を演じたあとで，彼らの属するグリフィン
ドールの寮生たちがそのことについて噂する内容の報告である．語り手の
声に寮生たちが口々にささやく声が重なっているように聞こえる．(21)
ではカロラインが夫を強く非難することばが FIS で伝えられている．

NRSA は要約型の言説で多く用いられ，発話の再現による冗長さを避
けて簡略化するため，少ない語に多くの情報が詰め込まれるといった裁量
がみられる．単なる発語動詞ではなく，情報量の多い動詞が選ばれる．

(22) Ron and Hermione ①argued all the way to herbology and in the end, Hermione ②agreed to run down to Hagrid's with the other two during morning break. (HSS)

(23) He cursed me, flung down the money, and left. (MSP)

(24) Now something occurred to him that he had not told me before; now he ①discussed what he ought to have said instead of what he did say then he ②lamented his blindness. (MSP)

(22) の ① は 2 人のやりとりが 1 語でまとめられている．② ではその内

容が不定詞で表されており，実際に話されたことばを使わずに動詞で要約する圧縮表現となっている．(23) では，原発話が curse という 1 語に凝縮されている．(24) では discuss や lament など感情的な色彩の強い語が使われ，効率的に原発話の含意を伝達している．

　実際にはこれらの異なる伝達形式が混ぜて使われることも多い．(25) では ① で NRSA，② で IS，③ で DS が使われている．

(25)　　Miss Verinder listened attentively till I had done.　She then ①thanked me very prettily for my advice, but ②informed me at the same time that it was impossible for her to follow it.

　　　③‘May I ask,’ I said, ‘what objection you see to following it?’　　　　　　　　　　　　　　　　　　　　　(MS)

　発話の報告で語り手が伝達に介入する度合は，NRSA がもっとも高く，IS，FIS，DS，FDS の順に低くなる．DS や IS，NRSA は日常の言語使用の場でも使われるが，FIS や FDS は主に文学的な言説に限られる．

2.2.5.　思考の表示

　思考の報告についてはどうだろうか．Leech and Short は，思考の表示に関しても，もとの思考をそのまま伝える直接的表示 (DT: direct thought)，伝達部のない自由直接的表示 (FDT: free direct thought)，伝え手のことばを介して伝える間接的表示 (IT: indirect thought)，中間的な自由間接的表示 (FIT: free indirect thought)，思考行為の語り手による伝達 (narrative report of a thought act: NRTA) に分類している．以下では DT，IT，FIT，NRTA についてみていく．

　DT は心のなかで行われた思考を言語化してそのまま記述する．

(26)　　“It was a dream,” he told himself firmly. “I dreamed a giant called Hagrid came to tell me I was going to a school for wizards. When I open my eyes I'll be at home in my cupboard."

(HSS)

(27) She had dark red hair and her eyes —*her eyes are just like mine*, Harry thought, edging a little closer to the glass.   (HSS)

(26) では発語動詞 tell が使われているが，実際には心の声を表しており，DT と考えられる．また (27) はイタリック体の引用部分の時制や人称，さらに伝達部の Harry thought から DT だとわかる．

(28) Harry felt as though his insides had turned to ice.   (HSS)

(29) Harry wished he could forget what he'd seen in the mirror as easily, but he couldn't.   (HSS)

(28) (29) は IT で，feel, wish などの思考動詞が伝達動詞としての役割を果たしている．

FIT は談話中でいきなり使われることはほとんどなく，まず語りの地の文で登場人物の心理描写があり，そこからその人物の心の声や思考へと移行することが多い．人称の変更や引用符を使わないのでその移行がスムーズで，登場人物の内面描写に適している．

(30) A hundred and fifty points lost. That put Gryffindor in last place. In one night they'd ruined any chance Gryffindor had had for the House Cup. Harry felt as though the bottom had dropped out of his stomach. How could they ever make up for this?
(HSS)

(31) Five minutes to go. Harry heard something creak outside. He hoped the roof wasn't going to fall in, although he might be warmer if it did. Four minutes to go. Maybe the house in Privete Drive would be so full of letters when they got back that he'd be able to steal one somehow.

> Three minutes to go. Was that the sea, slapping hard on the
> rock like that? And (two minutes to go) what was that funny
> crunching noise? Was the rock crumbling into the sea?
>
> One minutes to go and he'd be eleven. Thirty seconds . . .
> twenty . . . ten . . . nine—maybe he'd wake Dudley up, just to
> annoy him—three . . . two . . . one . . .　　　　　(HSS)

　(30) は，ハリーが自分のせいでグリフィンドール寮が大量失点して最
下位に落ちることになり，茫然自失しているところ（Harry felt … his
stomach.）で，心理描写から自由間接的表示へと移行している．また (31)
はハリーが自分の誕生日をカウントダウンしている場面で，5 分前ではま
だ心理描写にとどまっているが，4 分前から時間を経るにつれて，自由間
接的表示へと移行し，語り手の声がどんどんハリーの心の声と重なって，
語り手の存在が希薄になっていくのがわかる．

(32)　Harry seriously doubted this, but thought it best not to argue.
　　　　　　　　　　　　　　　　　　　　　　　　　　　(HSS)

(33)　Harry didn't understand. He felt weak and shivery, as though
　　　he were recovering from a bad bout of flu; he also felt the be-
　　　ginnings of shame.　　　　　　　　　　　　　　　(HPA)

　(32)(33) は NRTA で，視点人物の内面がそのまままはだかの事実とし
て提示されている．思考の提示への語り手の介入度は，当然この NRTA
がもっとも高くなり，IT, FIT, DT, FDT の順に低くなる．このような
通常では知りえない他者の思考の表示は，小説などフィクションに特有の
ものとされる．

2.2.6.　誰が何をどう伝えるか

　発話や思考の再現や引用，伝達の方法は多様で，従来の話法の分類にあ

てはまらないものもある．そこには，原話者に対する伝え手の共感度や，伝達内容についての伝え手の認識，解釈や判断，それに受け手にどのように受け取って欲しいかという伝え手の意図などが関与する．さらにそこに受け手の知識，信念といった要素もかかわってくるため，複雑な様相を呈する．誰がどの立場からどのような内容を誰にどう伝えるのかということは，単なる話法という枠を超えたものである．

2.3. 語りのカモフラージュ

「私は嘘つきだ」と言われたら，その人の言うことは信じられるのか．これは発話の三層構造における，「〈［私は嘘つきである］は真である〉と私は主張する」の命題・命題態度・発話態度のレベルを区別すれば，［私は嘘つきである］という命題自体が偽ということにはならない．混乱の原因は，語り手の主張を聞き手が気を回して，命題内の「私」と語り手の「私」を一緒にして勘ぐってしまうからである．見方を変えると，この「嘘つきのパラドックス」には受け手を混乱させる語りのカモフラージュが仕組まれている．このような語りに込められるトリックをみよう．

2.3.1. 語り手の位置づけ

語り手の位置づけを考える題材として，クリスティの『アクロイド殺人事件』の一人称の語りをとりあげる．物語は，自殺したフェラーズ夫人の検視を終え自宅に戻るシェパード医師の語りで始まる．舞台となる村ではフェラーズ夫人が夫を殺したらしいとか，夫人と村の名士アクロイドが結婚するらしいという噂があるなか，アクロイドが刺殺される．引退したポワロが依頼を受け，シェパードは行きがかり上しばらくポワロと行動をともにする．ところが，この語り手シェパードこそ，フェラーズ夫人を恐喝

して自殺に追い込み，その発覚を恐れてアクロイドを殺害した犯人である．物語は，シェパードが当初書き留めていた 20 章をポワロに開示したあとに，犯人と特定されるまでの 6 章と最終の 27 章「弁明」（Apologia）が追記された構成である．

2.3.2.　移ろう語り手

冒頭のフェラーズ夫人の検視から戻るシェパードの語りをみよう．

(34)　Mrs. Ferrars died on the night of the 16th-17th September—a Thursday. I was sent for at eight o'clock on the morning of Friday the 17th. There was nothing to be done. She had been dead some hours.

It was just a few minutes after nine when I reached home once more. I opened the front door with my latchkey, and purposely delayed a few moments in the hall, hanging up my hat and the light overcoat that I had deemed a wise precaution against the chill of an early autumn morning. ①To tell the truth, I was considerably upset and worried. ②I am not going to pretend that at that moment I foresaw the events of the next few weeks. I emphatically did not do so. ③But my instinct told me that there were stirring times ahead.

From the dining-room on my left there came the rattle of tea-cups and the short, dry cough of my sister Caroline. "Is that you, James?" she called.

④An unnecessary question, since who else could it be? ⑤To tell the truth, it was precisely my sister Caroline who was the cause of my few minutes' delay. ⑥The motto of the mongoose family, so Mr. Kipling tells us, is: "Go and find out." [...] At that, too, she is amazingly expert.

第 2 段落では，① で To tell the truth とわざわざ正直そうな体をとって
自らの混乱ぶりを告白するなか，② で現在の語りが挿入される．フェラー
ズ夫人の死に心中穏やかではいられなかったが，それはこれから起こる騒
動を予測していたからではなく，③ で本能的に感じたのだとしている．
この事件の顛末を報告する語りに，書きながら解説をつける現在の語りが
入り込み，② で否定の形で語りを逸らしている．直後に過去の語りに戻
り，さらにその否定を強調して，③ で本能的に感じたとし，現在の語り
手の位置取りは後景化される．なお ③ の my instinct は，話の流れから
みるとまさに検視帰りの医者としての職業的勘と解することもできる．し
かし（脅迫相手が自殺した件の）後始末がそう簡単にはいかないと感じた
というのは，まさに脅迫者だからこそでもある．

　姉キャロラインの問いかけに対し，第 4 段落では ④ の自由間接話法に
よる独白に続き，② と同様に ⑤ で To tell the truth と正直な体をとり，
家に戻ってもぐずぐずしていた原因は姉だと告白し，姉の詮索好きを解説
する語りを続ける．

　第 2 と第 4 段落には過去と現在の語りが混在するが，第 4 段落では話
題はもっぱら姉のことであり，第 2 段落のように語り手自身のカモフラー
ジュをしているわけではない．このような過去と現在の語りが交替する流
れでは，②の語りは後景化され，語り手自身の内面に関するはだかの事実
は伏せつつ，率直（そう）な語り口が続けられる．

　物語の語りの時に合わせて視点人物である語り手の立ち位置が，作中人
物（I-character），語り手（I-narrator），解説者（I-commentator），さらに
犯人（I-murderer）へと移ろい，語りの視点をカモフラージュする．

2.3.3.　移ろう副詞

　一人称主語の場合に，視点表現として働く *-ly* をとる副詞は，様態副詞

(manner adverb) か，主語指向副詞（subject-oriented adverb）か，あい
まいな場合がある．主語指向副詞は，行為や動作が行われる際の動作主す
なわち主語の状態に言及し，その認識，感情などを表す．様態副詞の多く
は，in a 〜 manner のように動作の行われ方や有様を表し，一人称の語
りの場合は自分を客観視して外面から記述する形となる．そのため，語り
手が内面（本音）をカモフラージュするだけでなく，意図的にそう見える
ように演技をするという解釈も可能となる．副詞によるカモフラージュを
みよう．

(35)　　"Excuse me, sir, did the person telephoning use my name?"

　　　　"I'll give you the exact words I heard. *'Is that Dr. Shep-
pard? Parker, the butler at Fernly, speaking. Will you please
come at once, sir. Mr Ackroyd has been murdered.'*"

　　　　Parker and I stared at each other blankly.

　(35) では，執事パーカーを名乗る人物からのシェパードへの電話をめ
ぐり，パーカー本人とシェパードの反応を blankly と記述する．副詞は 1
つであるが，パーカーの驚きが本物の主語指向読みに対して，シェパード
は演技で様態読みという仕掛である．なお，電話の内容は受けたシェパー
ドにしかわからないので，嘘の報告も可能なのである．

(36)　　"And the telephone call?"

　　　　"Parker sent that all right—perhaps before he thought of the
locked door and open windows. Then he changed his mind—
or got in a panic—and decided to deny all knowledge of it.
That was it, depend upon it. "

　　　　"Ye-es," I said rather doubtfully.

　(36) では問題の電話をかけたのは確かにパーカーだと言う警部に，そ
の電話を受けたシェパードは rather doubtfully ながらも応じる．doubt-

68

fully は，主語指向読みの「疑いの気持で」と，様態読みの外面記述として「疑わしげに」という解釈ができる．シェパードは相手が誰なのかを実は知っていたと後付けをすると，様態読みの客観的記述は演技であったととれる．しかしながらこの時点では，副詞のあいまいさによりシェパードの本心はカモフラージュされている．

「I＋発語動詞＋-ly 副詞」は，語り手の心情表現となる一方で，その外面表記にも使われる．通常は主語指向読みが無標となるが，あいまいさを利用した様態読みに移ろうことで，主語の内面とりわけ意図をカモフラージュすることも可能である．-ly 副詞はサスペンスを維持し，謎解きを最後までとっておくための技巧ともいえる．

2.3.4. 移ろう語り

作者は物語の情報を選択的に抑制したり，ときには全知の立場を放棄したりできる (Leech and Short (2007))．偽りは許容されなくとも，重大なことを語らなかったり，あまり関係のないことを語ったりして，読み手を攪乱することもある．語られたこと以外に，語られなかったことや語り方にも注意する必要がある．語ることができないこと (the unnarratable) や語られなかったこと (the unnarrated) のほかに，（予想はできても）実際には起こらなかったのに語られること (the disnarrated) もある (Prince (1992))．ここでは，当然与えられるべき情報を語らずにおく語り落とし (unnarration) や，実際には起こらなかったことを否定や仮定の形にして語る語り逸らし (disnarration) に加え，実は語るに語れないことをずらして語ったように見せかける語りずらしによるカモフラージュもみよう．

次の語りでは，シェパードがアクロイドにフェラーズ夫人の手紙の核心部分を読ませようとするが，説得むなしく部屋を出る場面である．

(37)　　But for some reason, obscure to myself, I continued to urge him. "At least, read the name of the man," I said.

Now Ackroyd is essentially pig-headed. The more you urge him to do a thing, the more determined he is not to do it. _(a)All my arguments were in vain.

₍₁₎The letter had been brought in at twenty minutes to nine. It was just on ten minutes to nine when I left him, the letter still unread. ₍₂₎I hesitated with my hand on the door handle, looking back and wondering if there was anything I had left undone. ₍₃₎I could think of nothing. With a shake of the head I passed out and closed the door behind me.

_(b)I was startled by seeing the figure of Parker close at hand. He looked embarrassed, and it occurred to me that he might have been listening at the door. What a fat, smug, oily face the man had, and surely there was something decidedly shifty in his eye.

これに対応する弁明（38）では，シェパード自身の語り①②を直接引用して解説を加えている．すべて本当のことではあるが，①の第1文と第2文の間には語り落とした部分があった，と10分間の空白の時間に触れずにすました語り落としの巧みさを自画自賛する．

(38)　　I am rather pleased with myself as a writer. What could be neater, for instance, than the following: "₍₁₎*The letters were brought in at twenty minutes to nine. It was just on ten minutes to nine when I left him, the letter still unread.* ₍₂₎*I hesitated with my hand on the door handle, looking back and wondering if there was anything I had left undone.*"

All true, you see. But suppose I had put a row of stars after the first sentence! Would somebody then have wondered what exactly happened in that blank ten minutes?

When I looked round the room from the door, I was quite satisfied. ③Nothing had been left undone. The dictaphone was on the table by the window, timed to go off at nine-thirty (the mechanism of that little device was rather clever—based on the principle of an alarm clock), and the arm-chair was pulled out so as to hide it from the door.

ⓑI must admit that it gave me a shock to run into Parker just outside the door. I have faithfully recorded that fact.

（37）には，殺人の言及がなく，犯行時の状況 ① でも偽りは言ってはいない．9 時 20 分前と 10 分前を，それぞれ手紙が届いた時間と退出した時間という出来事の流れとして整理し前景化している．手紙を読む，読まないという議論はあったにせよ，ⓐ で説得が不調に終わったことから，事態の進展は大してなかった（ので語る必要もない）かのように，その 10 分間に行われた重大なこと（殺人とアリバイ工作）の語り落としをしていたことが，弁明（38）で判明する．日常的なスケジュール表のように時系列で大事なことを淡々と語っているが，実はそのなかに欠落部を潜ませていたのである．述べられた時間の区切りが前景化された分，それ以外の時間はさして重要ではないと思わせる．

（37）② の退室する際にし残したことはなかったかという自問に対して ③ I could think of nothing. と，I を使いながら could と消極的な色調で語り逸らしをして nothing の内容にはふれずにすます．② の undone の論理的前提から，何か大事なことをしたのかと推論もできる．しかし直前の ⓐ のアクロイドへの説得失敗という流れから，説得に特化した心残りや自省の念という解釈も可能となり，認知的にはアクロイドは退室時にはまだ生きていたと推論もできる．のちに（シェパードの計画通り）9 時半にアクロイドの声を聞いたという証言がでて，誤誘導のトリックを支える．

弁明（38）で，戸口で振り返った語り手は，何もし残したことはなく満足したと語る．つまり 9 時半に鳴るように仕掛けた録音機を窓際のテーブルに置き，それを肘掛椅子で見えないようにしたと種明かしする．②の自問に対応する自答として，弁明の ③ Nothing had been left undone. は，続く語りから実は録音機などを使ったアリバイ工作に関する首尾の確認だと特定される．（37）の語り逸らしのカモフラージュとは異なり，弁明では確認した結果を事実として語る．

　ちなみに（37）の第 1 文では，自分でも理由はわからないながらも一生懸命説得したと述べている．この過去の語りに続き Now Ackroyd is essentially pig-headed. で始まる現在の語りが現れる．説得の失敗はアクロイドがそもそも強情だからと弁解しているととれるが，弁明からは強情な性格を挑発して読ませないよう仕向けた意図的な行為であったことが判明し，現在の語りを使ったカモフラージュが明らかとなる．さらに当初は，自分でもわからない（But for some reason, obscure to myself）ととぼけていたことが後付けで判明する．

　また部屋を出た直後にパーカーと鉢合わせしたときの語りは，（37）では受動態 ⓑ で人影を間近に見て驚いたと語りつつ，パーカーの驚きぶりから盗み聞きを疑う批判にすり替え，その顔つきや目つきを順次怪しげに述べ，サスペンスをかもし出す．パーカーのうさん臭さを前景化することで，自分自身の狼狽ぶりを後景化する．一人称の語りでは自分以外の内面については見えを語るしかない点を利用し，語りの焦点をすり替えていく．弁明の（38）ⓑ ではより明示的に自分が驚愕したことを認め，（37）でも正直に述べたと語るものの，焦点をずらした語りのカモフラージュについてはその限りではない．

　次は，5 章でアクロイドの遺体をパーカーと発見したときの語りである．

(39)　　　"You mustn't touch that," I said sharply. "Go at once to the
　　　　telephone and ring up the police station. Inform them of what

has happened. Then tell Mr. Raymond and Major Blunt."

"Very good, sir." Parker hurried away, still wiping his per-
spiring brow.

₁I did what little had to be done. ₂I was careful not to dis-
turb the position of the body, and not to handle the dagger at
all. No object was to be attained by moving it. ₃Ackroyd had
clearly been dead some little time.

触れるな，警察に通報を，などとパーカーに指示したあとに，①I did
what little had to be done. が続く．前段の指示や①に続く現場での心得
②のように否定的表現が続いている文脈では，否定辞相当の little とも響
き合い，現場保持という制限のなかでできることは大したことではないと
思わせる．①がおかれた流れでは，語り逸らしで現場保持のためにしな
かったことが前景化された分，実際にしたこと（アリバイ工作の撤去など）
は語り落とされる．また③の clearly は，医者か犯人のどちらの視点か
らかもあいまいである．

(40)　　Then later, when the body was discovered, and I had sent
　　　　Parker to telephone for the police, what a judicious use of
　　　　words: "₁*I did what little had to be done!*" It was quite lit-
　　　　tle—just to shove the dictaphone into my bag and push back
　　　　the chair against the wall in its proper place. I never dreamed
　　　　that Parker would have noticed that chair. Logically, he ought
　　　　to have been so agog over the body as to be blind to every-
　　　　thing else. But I hadn't reckoned with the trained-servant
　　　　complex.

　弁明（40）では①をうまい表現だと自画自賛し，アリバイ工作の隠蔽
行為という重みとは裏腹に，自分としては予定どおりにすませただけのご

く些細なことなので little を使ったと述べる．意図的に控え目表現という形にずらして（実は隠蔽工作のような語るに語れない大事を）語ったかのようにカモフラージュする，語りずらしである．

2.3.5.　叙述トリック

　三人称の語りの場合では，1 人ないしは複数の作中人物の視点を反映する Reflector mode（R）と，物語内での特定の視点はもたない Narratorial mode（N）がある（Simpson（1993））．この物語では，一人称の語り手であっても時や役割を使い分けており，主観的な R と，より客観的な N（あるいは見せかけの N）の混在と考えられる．語り手自身の意識的な使い分けの結果，前景化させるべきものをも後景化させるような語りのカモフラージュが浮かび上がる．さらに一人称の語りでは，語り手自身の内面とその目から見た外界の見えしかわからない．また独自に注釈を加えつつ，雄弁でもときには自分のことや核心については語り落とし，語り逸らしや語りずらしを駆使することで手の内を見せないなどのカモフラージュをしている．

　具体的な語り手の立ち位置には，医者やポワロの相棒，とりわけ犯人としての立場も加わり，語りの様相が複雑になる．たとえば医師という設定では，フェラーズの毒殺に気づいて夫人を脅迫したり，殺人現場に往診鞄を持ち込んで工作したりする行動が容易に看過されうる．また語り手自身が犯人であるため，自ら設定する限界もあり，シェパードの手記を読んだポワロが，事実を忠実に正確に述べても自分のことについては控え目だ，と指摘するほどである．

　最終的にシェパードが信頼できない語り手だと判明し，推理小説のルール[1] 違反としてフェアネス（fairness）への疑義を引き起こした．しかしな

---

　[1] Twenty Rules for Writing Detective Stories, by S. S. Van Dine（http://www.thrillingdetective.com/trivia/triv288.html）

がらクリスティは，最終章の語り手の弁明という形で叙述レトリックの参照枠を提供し，フェアネスへの担保を試みていた．『アクロイド殺人事件』が再読に値するのは，語りのカモフラージュなどの叙述トリックを発見していく楽しみがあるからといえよう．

2.4.　サスペンス・キュリオシティ・サプライズ

　語り手は物語る出来事の膨大な情報のなかから，必要なものを取捨選択して言説に配列していくが，どの出来事をどの時点でどのように提示するかによって，読み手に喚起される心理的反応は異なる．出来事は必ずしも物語世界で生起した順序で語られるとは限らず，読み手の反応を操るため，さまざまな技法が用いられる．その結果として生じる主要な心理的反応がサスペンス・キュリオシティ・サプライズである．

2.4.1.　協調の原理

　私たちはコミュニケーションにおいて，「協調の原理」（Grice（1975））に従っており，会話はこの原理のもとに行われている．これは，コミュニケーションを効率的に進めようとする会話者が守っているとみなされる大まかな原理である．その下には量（過不足なく情報を提供する）・質（根拠のある真実の事柄を述べる）・関係（関連性をもたせる）・様態（明瞭，明確，簡潔，順序立てて話す）という会話の公理が設けられている．重要なのは，会話のやり取りのなかでこれらの公理への違反があっても，この原理そのものは守られているとして，受け手は何らかの含意，すなわち言外の意味を酌み取ろうとするという点である．私たちは相手がふつうと違う言い方をしたとき，なぜそういう言い方をしたのか，その意図を推し測ろうとする．会話の理解に必要な推論の多くは，この協調の原理と会話の

公理に基づいて行われる．

　協調の原理はコミュニケーションの暗黙の基準として働くが，会話以外の言説でも，送り手は適切な量の，関連性のある真の情報をわかりやすく提示しようと努めるのが基本である．しかし実際には会話と同様，つねにこの原理が守られるわけではない．出来事や経験を伝えるとき，それがごく単純でありふれたものであっても，語り方は一様ではない．会話の公理を遵守することを最優先することもあるが，受け手に与える効果をねらって提示の仕方を工夫することもあり，同じ題材でも語り方によって受け手に与える印象は大きく変わる．こうした修整がとくに著しくみられるのがフィクションである．

2.4.2.　フィクションにおける情報操作

　小説，物語などのフィクションにみられるサスペンス・サプライズ・キュリオシティは，実際に起こったことである出来事構造と，その時系列的な配列である言説構造とのくい違いから生じるものである（Brewer and Lichtenstein（1982））．

　サスペンスは，今後の展開に対する強い不安や期待を引き起こすような出来事によって生じるもので，読み手は「次に何が起こるのか」という懸念や不安を抱いたまま，宙ぶらりんの状態に置かれる．出来事は生起した順序通りに語られるものの，読み手がもっとも欲しいと思う情報，つまり出来事の結果の提示が先に引き延ばされることにより，興味が高まり持続する．

(41)　Halfway down the flight of stairs into the hall, however, he heard a tap on the front door, then metallic clicks and the grinding of the chain. Every nerve in his body seemed to tauten: He pulled out his wand, moved into the shadows beside the decapitated elf heads, and waited. The door opened: He saw a glimpse of the lamp lit square outside, and a cloaked figure edged into the hall and closed the door behind it. (HDH)

ハリーたちが身を隠す屋敷に入って来た人物, それははたして敵か味方か. 息をひそめて隠れているハリーたちが知覚する鍵の開く音や鎖の音, 灯りや人影などの描写で人物の同定を遅らせることで, サスペンス状態を持続させている.

また結果自体はわかっているが, どのようなプロセスをたどってそのような結果に行きつくのか, という懸念から生じるサスペンスもある.

(42) As the event proved, and as you will soon see, this was the worst advice I could have given. If I could only have looked a little way into the future, I would have taken Rosanna Spearman out of the house, then and there, with my own hand. (MS)

(42) では, 語り手は自分の与えた忠告が結果的には大きな災いの原因となったことを嘆いており, 仮定法過去完了による語り逸らしがみられる. これは, 予告や伏線によって結果を暗示する情報を予め提示しておくことで, サスペンスを演出する手法である.

キュリオシティは, 事故, 失踪, 殺人といった謎めいた出来事が起こり, 重要な情報が隠されていることがわかったときに生じる反応である. 読み手は何が起こったのか, なぜそうなったのか, その謎を知りたいというキュリオシティをもち, 欠落した情報を推理や想像によって埋めようとする.

(43) Harry was bleeding. Clutching his right hand in his left and swearing under his breath, he shouldered open his bedroom door. (HDH)

(44) "I still don't see why she shot herself." Said Peter Pascoe obstinately.

> "Because <u>she</u> was bored. Because <u>she</u> was trapped," said El-
> lie Pascoe. (BS)

　(43) は章の冒頭で，いきなりハリーの手から出血しているという描写で始まる．その理由が明らかになるのは少し先になってからで，読み手はそれまでの間，何が起こったのか興味を抱き，推理しながら読み進む．(44) も推理小説の冒頭の部分で，自殺した人物は誰なのか，なぜ自殺したのかについての情報はなく，読み手は最初からキュリオシティを抱きつつ話を追うことになる．

　サプライズは，実際に起きたことが予想していたものと著しく違う場合に生じる．ふつうはそれまでに重要な情報の隠匿があり，そこに誤誘導のトリックが仕掛けられていることも多い．あとで予期せぬ出来事が起こって，初めてそのことが明らかになるのである．

> (45)　　He hurried out of the room and returned a moment later with
> 　　　a hand mirror. With a proud smile, he presented it to her.
> 　　　Eve raised the mirror slowly and looked at her reflection.
> 　　　<u>And screamed.</u> (MG)
>
> (46)　　... and at the moment, not twenty yards away, a human hand,
> 　　　holding a candle, appeared from behind a rock! Tom lifted up
> 　　　a glorious shout, and instantly that hand was followed by the
> 　　　body it belonged to—<u>Injun Joe's!</u> Tom was paralysed; he
> 　　　could not move. (ATS)

　(45) では，顔に大けがをしたイヴが，腕の良い外科医である夫に顔を修復する手術をしてもらう．包帯が取れ，当然もと通りの美しい顔に戻っているものと期待しながら鏡を見たイヴは，ショックのあまり悲鳴をあげ，読み手も予想外の展開に驚く．with a proud smile は，イヴや読み手は手術の結果に対する夫の自信の表れととるが，ここに情報のカモフラー

78

ジュがあって，実は彼は故意に妻の顔を醜く変えていたのである．ここで
読み手は誤誘導に気づき，自分を裏切り続ける妻に献身的に尽くす夫か
ら，妻に非情な復讐をする夫へと解釈を転換させる．(46) では，洞窟に
閉じ込められたトムたちが，出口を探してさ迷っていると，人の声がし
て，ろうそくを持った人物が現れる．思わず喜びの声を挙げるトムだった
が，それが殺人者のジョーだと知って凍りつく．ここでは現れた人物の正
体がすぐには明かされず，トムも読み手も一瞬救出に来た人物だと予想す
るが，直後にサプライズがきて，喜びは恐怖へと変わる．

　上に示したサスペンス・キュリオシティ・サプライズは，単独で生じる
よりも複合的に生じることが多い．たとえば推理小説などでは，出来事の
連鎖がサプライズで始まり，キュリオシティを生み，サスペンスとなり，
最後に再びサプライズで終わるというパターンが多くみられる．

(47)　　'Come back to the bed, sir!' he began.　He looked at me
closer, and checked himself.　'No!' he resumed.　'Open the
sealed letter first—the letter I gave you this morning.'

I opened the letter.

'Read the name, Mr Blake, that I have written inside.'

I read the name that he had written.　It was *Godfrey Able-white*.

'Now,' said the Sergeant, 'come with me, and look at the
man on the bed.'

I went with him and looked at the man on the bed.

GODFREY ABLEWHITE!　　　　　　　　　　　　(MS)

　盗まれたダイヤモンドの取引に関わって殺害された人物の正体がまさに
明かされようとするとき，警部は前もって渡していた手紙を開けるようブ
レイクに命じる．そこには，ダイヤモンドを盗んだ真犯人であると彼が推
理した「ゴッドフリー・エイブルホワイト」の名前があった．そしてベッ

ドに横たわっている遺体こそゴッドフリーその人であった．ここにはいく
つかのサプライズが含まれている．1 つはそれまでまったく疑われていな
かった人物がダイヤモンドを盗んだ犯人であったこと，そして警部がみご
とにそれを推理していたこと，さらにその人物が殺されていたことであ
る．この場面ではそれ以外にも，この殺人事件に関するキュリオシティ，
被害者の正体が明かされるまでのサスペンスも盛り込まれている．

　次はジョークの例で，その出来事構造は (49) のようになる．

(48)　　　A man was walking along a street when from the other side
　　　　of a wall he heard someone shout, "Fifty-two!"

　　　　He stopped, and again he heard, "Fifty-two!"

　　　　Unable to overcome his curiosity, the man stood on a box
　　　　that he found at the spot, peeked over, and a boy hit him with
　　　　a handful of clay and shouted, "Fifty-three!"　　　　(LBM)

(49)　① 少年は塀の中から叫んで，外の人が中を覗く度にその顔に泥
　　　　を投げつけている．

　　　② 少年は塀の中から，「52!」と何度も叫んでいる．

　　　③ 男が通りかかり，声を聞いて塀の中を覗く．

　　　④ 塀の中を覗いた男に少年が泥つぶてを当て，「53!」と叫ぶ．

　読み手は最後までいって，「52」という数字の意味（すでに 52 人に当て
ている）や，箱が置かれていた理由を理解する．(48) には (49) ① の情
報が欠如しており，サプライズ仕立てになっている．まず声の主など，塀
の向こうで起こっていることに対するキュリオシティと，次に何が起こる
のか，今後の展開へのサスペンスが惹起され，最後にサプライズで終わ
る，というように，3 つの要素がこの短い言説のなかに詰まっている．④
で始まる場合は，誰が何のために泥を投げつけたのかなどに関するキュリ
オシティ仕立てとなる．出来事構造の順番と同じ ① ② ③ で語られた場合
は，この男性の身に何が起こるのか，といった懸念が生じるので，サスペ

ンス仕立てになる．このように，短い言説でも出来事を提示する順番によって，読み手の反応は異なる．

2.4.3. ノンフィクションにおける情報操作

　上でみたのは主として文学作品などフィクションの言説における情報操作の技法であるが，次にノンフィクションの言説についてみていく．（50）は新聞に掲載された読者の投書欄からの引用で，日常のちょっとした出来事をユーモアを交えて報告するコーナーである．

> （50）　先日，我が家の猫が車にはねられて死にました．家に連れて帰
> 　　　　り，ペット斎場に電話．「お骨はどうする」と相談していると，
> 　　　　あれ！　うちの猫が庭先に……．そうです，うちの猫はどこにで
> 　　　　もいるような茶トラ猫．ひかれた猫には気の毒ですが，胸をな
> 　　　　で下ろしました．　　　　　　　　　（毎日新聞 2006 年 7 月 9 日）

　冒頭でいきなりショッキングな出来事が報告され，一連の出来事が続く．次にこれとは相容れない不可解な出来事（死んだはずの猫が庭に現れる）が起こり，最後に種明かしとなる．ここでは「先日我が家の猫がはねられて死にました」が誤誘導で，「うちの猫が庭先に」がサプライズになる．書き手はこれを書く時点で，はねられた猫が自分の飼い猫ではないことはわかっていたはずなので，ここだけをみると偽りの報告がされていることになる．しかし（50）を「車にひかれて死んだよその猫を自分の家の猫と間違えて連れて帰った．もう少しで葬式を出すところだった」というような，時間的継起を追った要約法的記述と比較すると，読み手に与えるインパクトの違いは明らかである．サスペンス・キュリオシティ・サプライズを生み出す情報操作は，こうした個人的体験の叙述でもよくみられるものである．

2.4.4.　物語らしさ

　物語のおもしろさには，物語内容に起因するものと，物語言説に起因するものがある．物語言説では，必要な情報は最終的にはすべて読者に与えられるが，それまでのプロセスにおいて，読み手の反応を操るためさまざまな操作が行われる．こうした情報操作は，物語らしさを高めて読み手を引きつける重要な技法であるが，文学作品などのフィクションだけでなく，ニュース報道やドキュメンタリー，個人の体験談などの事実の報告などにも広くみられるものである．

　同じ話でも，語り方によっておもしろくもつまらなくもなる．話をおもしろく印象深いものにして受け手を楽しませたいというのは，誰もがもつ自然な欲求であり，そのために私たちは意識的にも無意識的にも，さまざまなレベルでサスペンス・キュリオシティ・サプライズを生みだすような情報提示のデザインを行っているのである．

第 3 章

どう話す
—対話の場合—

3.1. 流れの切り盛り

　本章では，対話の場面でどう話して，流れを操るのかをみたい．たとえば「結婚したが，妊娠はしていない」などという発言を最近よく耳にするが，なぜ「妊娠はしていない」とわざわざ言う必要があるだろうか．多くの人がそう感じるのは，昨今の風潮である結婚と妊娠の順序が逆転する「でき婚」を念頭に，逆接の「が」をあえて使うことで流れを切り盛りしようとする思惑がすけて見えるからである．

　対話は，発言の順番を交替しながら進んでいくが，相互行為でありながら，自分の都合のいいように流れを切り盛りすることもある．相手の主張と自分の主張にくい違いや対立がある場合，あるいは自分の目論見を遂げたい場合などには，対話の流れをどのように管理するのだろうか．対人関係や情報管理をも意識した総合的な観点から，談話の流れを左右する効果的なことば遣いに着目し，メタ語用論的意識に基づくその管理やときにはトリックについてみていく．

　なお小説や戯曲などの作られた対話では，実際の自然会話ではわからな

いような情報にもアクセスすることができる．たとえば戯曲のト書は，読み手にとっては文脈化の手がかり，演者や演出家には舞台指示として明示的な方向づけの手段であり，作者による情報管理のメタデザインとして，立体読みの助けとなる．

3.1.1. 談話の流れの管理

語のなかには，概念的意味ではなく，手続き的意味（procedural meaning）をもつものがある（Blakemore（2002））．たとえば次例での rich や unhappy といった概念を表す語に対し，and や but といった情報処理上の手続きを示す談話標識として機能する語である．

(1) a. Sheila is rich and she is unhappy.
    b. Sheila is rich but she is unhappy.

(Blakemore（2002: 92））

(1) でシーラが金持ちであることと，彼女が不幸であるという 2 つの命題がともに真であるならば，論理的には（1a）（1b）ともに真となる．しかし談話標識に順接（and），逆接（but）のどちらを選択するかで，これら 2 つの命題の関係づけに関する話し手の態度が違ってくる．順接の場合は，それが同時に成立するという話し手の想定が推論できる．逆接の場合には，2 つの命題を対照的に扱っているので，先行節の解釈から出てくる予想が後続節で否定されても驚くにはあたらない．先行節と後続節が矛盾していても，先行節にかかわらず後続節を処理せよという手続きを，but が活性化させているからである．逆にいえば，どの談話標識を選択したかで想定を関係づける流れも予想できることになる．したがって手続き的意味にも注意する必要がある．

このような談話の流れを切り盛りする語用論的標識はさらに下位分類されて，談話環境，含意（what is meant）の認識的位置づけ，含意の実証的位置づけ，言表（what is said）の詳細に関連して使われる（Culpeper and

Haugh (2014)). このうちの談話環境に関連するものはいわゆる情報処理上の談話環境に影響を与えているという点で，Blakemore の手続き的意味をもつ談話標識に相当するといえよう．その他のものは，含意や言表の一部を取り立てたり弱めたりして修整し，話し手自ら流れの切り盛りをすることになる．

　語用論的標識のみならず，伝達法，メタ語用論的表明や社会言説にも，メタ語用論的意識が明示的に加えられている (Culpeper and Haugh (2014))．多様なレベルや手法で情報の修整が行われているので，メタ語用論的意識の流れを立体読みしていく必要がある．

3.1.2.　メタ語用論的意識の流れ

　このような流れをみる題材として，クリスティの法廷劇『検察側の証人』をとりあげる．殺人事件の裁判で，被告人レナードのドイツ人妻ロメインが，夫にアリバイの偽証を頼まれたと検察側の証人として証言する．しかし弁護士のウィルフリッドはロメインの秘密を暴き，みごとレナードの無罪を勝ち取る．直後にロメインは夫を救うべく一芝居打っていたことを明かすが，さらに夫の裏切りが発覚し，どんでん返しが続くなか幕が下りる．談話の流れを切り盛りする語用論的標識（二重下線部）に注目しつつ，その流れをみよう．

(2)　MAYHEW.　He certainly is.　How does he strike you?

　　　SIR WILFRID.　(*Crossing to* L. *of* MAYHEW) ①Extraordinarily naïve.　Yet in some ways quite shrewd.　② Intelligent, I should say.　But he certainly doesn't realize the danger of his position.

　　　MAYHEW.　Do you think he did it?

　　　SIR WILFRID.　I've no idea.　③On the whole, I should say *not*. (*Sharply*.) You agree?

MAYHEW.　(*Taking his pipe from his pocket*) I agree.

　ウィルフリッドが，被告人レナードに初めて会った印象を述べる場面である．ウィルフリッドは extraordinarily，quite や certainly を使って程度を強調しながら，レナードの印象について ① では naïve，shrewd と一見矛盾するようなメタ語用論的表明をしている．yet という逆接の談話標識を挟んで，レナードのナイーブさとともにそのしたたかさを見抜いていることがわかる．続く ② では，I should say と断りながら intelligent と言いつつ，逆接の談話標識 But を使って，自らの立場の深刻さに気づいていないその甘さに言及する．事務弁護士メイヒューからレナードが犯人だと思うかと問われ，ウィルフリッドは ③ の on the whole で考えをまとめて，犯人ではないだろうと should で期待感を込めつつ述べる．逆接の語用論的標識 yet や but を使って裏腹な評価を与えながらも，結局は世間知らずで事態をよく理解していない危うさを指摘している．このようにレナードの二面性にうすうす気づきつつ，ウィルフリッドは弁護人を引き受ける．

　次はロメインとウィルフリッドが初めて会った場面である．

(3)　SIR WILFRID.　I can't tell you how much I admire your calm and your courage, Mrs. Vole. ①Knowing as I do how devoted you are to him . . .

ROMAINE.　②So you know how devoted I am to him?

SIR WILFRID.　③Of course.

ROMAINE.　④But excuse me, I am a foreigner. I do not always know your English terms. ⑤But is there not a saying about knowing something of your own knowledge? ⑥You do not know that I am devoted to Leonard, of your own knowledge, do you, Sir Wilfrid? (*She smiles.*)

SIR WILFRID.　(*Slightly disconcerted.*) No, no, that is of course true. (7)<u>But your husband told me.</u>

ROMAINE. (8)<u>Leonard told you how devoted I was to him?</u>

SIR WILFRID. (9)<u>Indeed, he spoke of your devotion in the most</u>
<u>moving terms.</u>

ROMAINE. (10)<u>Men, I often think, are very stupid.</u>

SIR WILFRID. (11)<u>I beg your pardon?</u>

ROMAINE. It does not matter. Please go on.

ロメインはウィルフリッドのことば ① を受けて，So から始まる ② で意味ありげに「では，あなたは私が夫を愛しているのをご存知ということなのですね」とまとめようとする．③ Of course と認識して請け合うウィルフリッドをさえぎるように，④ で逆接の語用論的標識を使って But excuse me と切り返す．さらに自分は外国人だから英語の表現がよくわからないと断ったうえで ⑤ で But と続け，of your own knowledge（自分の知識として直接知っている）を使った箴言らしきものをもち出す．それを踏まえ ⑥ では of your own knowledge としては知らないのではないか，と付加疑問をつけて疑問を呈す．ウィルフリッドはいぶかしく思うが，of course と請け合って談話の流れをつなぎ，⑦ で But を使って当の夫が言ったのだと反論する．するとロメインは ⑧ で Leonard told you ...? と確かめるので，ウィルフリッドは ⑨ で Indeed と請け合い，レナードが熱心に語ったことを報告する．ところが，ロメインが ⑩ で実証的位置づけの I often think を挿入して very stupid とメタ語用論的表明をして一般的な男性論を述べるので，思わずウィルフリッドは ⑪ で聞き返す．夫を愛しているかどうかは本人が 1 番よくわかっているはずであるのに，ロメインはそれをわざと夫が言ったかどうかという伝達法にこだわって問い返したり，男性論の形で（レナード自身をも）侮蔑するような言い方をしたりする．このようにロメインは，夫を心配する献身的な妻というウィルフリッドの思い込みとは裏腹の言動を続ける．

裁判も終盤に近づき，ウィルフリッドがロメインに対する陪審員の反応を予想する．

(4)　MAYHEW.　(*Thoughtfully*) I don't think the Jury liked her.

SIR WILFRID.　No, you're right there, John. I don't think they did. ①To begin with, she's a foreigner, and they distrust for-eigners. ②Then she's not married to the fellow—she's more or less admitting to committing bigamy.

(MAYHEW *tosses the pipe cleaner into the fireplace, then crosses to* L. *of the desk.*)

None of that goes down well. ③And at the end of it all, she's not sticking to her man when he's down. ④We don't like that in this country.

MAYHEW.　That's all to the good.

ウィルフリッドは，ロメインに対する陪審員の反感を To begin with, Then, at the end of it all を使って1つずつあげていく．最初の理由 ① の外国人への不信感のみならず，② でロメインの重婚，③ では窮地にある夫を支えてはいないこと，最終的に ④ では this country での社会言説までもち出す．このような当時の外国人や妻に対する社会言説が，解釈の枠組としてこの戯曲の仕掛の底流をなしていることがわかる．

　ロメインの裏切を裁判で暴きレナードの無罪を勝ち取ったウィルフリッドは，最初会ったときから不審感をもっていたロメインに対し，高らかに勝利宣言をする．

(5)　SIR WILFRID.　It may interest you to know that I took your measure the first time we met. I made up my mind then to beat you at your little game, and by God I've done it. ①I've got him off—in spite of you.

ROMAINE.　②In *spite*—of me.

SIR WILFRID.　③You don't deny, do you, that you did your best
to hang him?

ROMAINE.　④Would they have believed me if I had said that he
was at home with me that night, and did not go out?　Would
they?

ウィルフリッドが意気揚々と①の I've got him off—in spite of you.（彼
を自由にした，君には生憎なことだが）と言ったことばの後半を，ロメイ
ンは②で me と言い換えて繰り返す．ウィルフリッドが③You don't
deny, do you, that ...? と畳みかけると，ロメインは④で反実仮想の語り
逸らしを使って，逆だったら自分の言うことを信じたのかと問いかける．
ようやく真相を悟ったウィルフリッドは驚愕し，次のように返す．

(6)　SIR WILFRID.　(*Moved.*) My dear . . .　①But couldn't you trust
me?　We believe, you know, that our British system of jus-
tice upholds the truth.　We'd have got him off.

ROMAINE.　I couldn't risk it. (*Slowly.*)　②You see, you *thought*
he was innocent . . .

SIR WILFRID.　(*With quick appreciation.*)　③And you *knew* he
was innocent.　I understand.

RONAINE.　④But you do not understand at all.　*I* knew he was
guilty.

SIR WILFRID.　(*Thunderstruck.*)　⑤But aren't you afraid?

ROMAINE.　Afraid?

SIR WILFRID.　Of linking your life with a murderer's.

ROMAINE.　⑥You don't understand—we love each other.

SIR WILFRID.　The first time I met you I said you were a very
remarkable woman—I see no reason to change my opinion.

90

(Crosses and exits up C.)

身を捨てても夫を助けようとしたロメインの真意を知ったウィルフリッド
は，But で始まる ① で私を信用できなかったのかと尋ねる．ロメインは
② で非叙実動詞 (non-factive verb: Kiparsky and Kiparsky (1971)) の
thought を強調して，ウィルフリッドがレナードの無実を思い込んでいた
からと指摘する．ウィルフリッドは ③ で And と受けて，それは君も知っ
ていたことだと叙実動詞 knew を使い反論する．するとロメインは But
で始める ④ で knew を使い，レナードが犯人だと告白するのである．こ
こでは，逆接の but が何度も繰り返されているうちに，レナードが真犯
人であるという真相が明かされる．⑤ の But で人殺しと一緒にいて怖く
ないのかと尋ねるウィルフリッドに，ロメインは自分のことばで生の命題
we love each other を語る．互いに相手のことばの奥にある認識を酌み取
りながらのやり取りで，非叙実動詞の think，叙実動詞の know，2 種の
understand など，メタ語用論的表明を表す動詞を巧みに使い分けている．
understand は ② は非叙実，④ ⑥ は叙実と切りかえられており，両者の
認識の違いを浮き彫りにしている．

　ところが最後にきて，ロメインは夫の不実を知る．

(7)　ROMAINE.　①After all I've done for you . . . What can *she* do
　　　　for you that can compare with that?
　　　LEONARD.　(*Flinging off all disguise of manner, and showing
　　　　coarse brutality.*) ②She's fifteen years younger than you are.
　　　　(*He laughs.*)

若い女に乗り換えようとする夫に訴えかけるロメインの ① には，万感の
思いが詰まっている．自らをおとしめることにより夫の窮地を救った献身
に対して，本性を現したレナードは，年上妻のロメインにとっては残酷な
歳の差という ② を暴く．このレナードの粗野なことばは，生の命題その

ままで情け容赦ない現実を突きつける.

> (8)　ROMAINE.　(*Picks up the knife from the table. Throwing her*
> *head back in sudden dignity.*)　No, that will not happen. _①I
> shall not be tried as an accessory after the fact. I shall not
> be tried for perjury. I shall be tried for murder— (*She stabs*
> LEONARD *in the back.*) the murder of the only man I ever
> loved.
> (LEONARD *drops. The* GIRL *screams.* MAYHEW *bends*
> *over* LEONARD, *feels his pulse and shakes his head.*)
> (*She looks up at the* JUDGE's *seat.*) _②Guilty, my lord.
> 　　　　　　　　　　　CURTAIN

　(8) で非情な現実を知ったロメインは,事後共犯や偽証で裁かれるより
は唯一愛した人の殺人で裁かれたい,と言ってレナードを刺殺する.この
① では否定の意思表現 I shall not be tried を 2 度繰り返したあと,I
shall be tried for the murder と肯定で畳みかける構成となっている.そ
して ② で自ら「有罪」と申告して劇は終わる.最後になってロメインの
台詞はその意志が強く表されたものとなり,生の命題として直接響いてく
るのである.

3.1.3. 流れの立体読み

　対話では,命題部をなす概念的意味の重要さもさることながら,それを
どのように評価して伝達するのか,あるいは相手をどのように誘導するの
か,という情報処理上の修整の重要さにも着目する必要がある.それは,
命題そのもののみならず伝え手の態度,さらには相手への働きかけにも使
われている.ことばを使用するということは,このようなメタ語用論的意
識の流れのなかで使うことである.状況に応じた流れの切り盛りからみて
いくと,作者がねらう情報デザインのメタ構造が浮かび上がってくる.こ

れは，立体読みをしていくおもしろさでもある．

3.2. 他者のことばを借りる

「彼はその夜家にいたと言っていた」と言う人は，他者のことばを借り
て報告しているだけで，彼が実際にその夜に在宅していたことが真である
と保証しているわけではない．むしろ自分の判断を棚上げしたままで情報
を伝えていることになる．前節に続き，ここでは Culpeper and Haugh の
伝達法という視点から，同じ題材『検察側の証人』をとりあげることにす
る．とくに主役の登場人物ロメインの台詞には伝達法によるメタ語用論的
意識が明示的に表れており，この点に注目して，なぜ彼女が〈他者のこと
ばを借りて語る〉ことば遣いで情報の修整を行っているのかを明らかにし
たい．

3.2.1. ロメインの工作

エミリ・フレンチ殺しの罪で法廷に立たされた被告人レナード・ヴォー
ルの謎めいたドイツ人妻ロメインは，夫にかけられた嫌疑を晴らし，無罪
にもち込もうといろいろ工作する．検察側の証人として出廷したロメイン
は，外国人である自分のことばのうえでのハンディキャップを利用し，さ
らに陪審員に自分が嫌われるように仕掛け，自分への不信感をあおること
で，夫を助けようと策略をめぐらす．この目論見はみごと成功し，結局は
レナードの無罪を勝ち取ることになる．

ロメインの台詞中には他者のことばを借りて語る箇所が高い頻度でみら
れる．そのことば遣いに注目し，作者が煙幕を張り物語の最後まで読者を
引っぱって，みごとな幕切へと展開させていくプロセスをたどることにす
る．

　ロメインが登場するのはおもに3つの場面である．第1幕では，夫の
おかれている状況を探るために弁護士事務所にやってきた彼女が，弁護士
に対しても決して自分の胸の内を明かさず，他者のことばを借りて自らの
真偽判断の明示を避けて会話を運ぶ．

　第2幕の法廷では，夫が殺人犯であるらしいことを，夫のことばを使っ
て証言する．自らの心情を明らかにすることなく，夫に不利なことを淡々
とした口調で述べるので，陪審員にはドイツから脱出させてくれた夫の恩
を忘れたひどい女という印象を植えつける．

　第3幕2場では，自分が捏造した手紙が法廷で読みあげられるように
工作し，前回の証言は偽りであること，すなわち夫は犯人ではないという
ことを陪審員に確信させる．

3.2.2.　発語動詞の含まれる伝達文

　たとえば次の例文で，レナードは何に yes と答えているのであろうか．

(9)　SIR WILFRID.　Miss French knew that you were married?
　　　LEONARD.　Yes.

(10)　MYERS.　You say Miss French knew you were married?
　　　LEONARD.　Yes.

レナードは話し手の意図を推論して，(9) では文全体の内容を肯定してい
るが，(10) では，You say が付加された質問の主文と補文のどちらに対
して肯定しているのかはあいまいになっている．

　複文の主文と補文はともにある命題を表し，その命題内容はある情報を
伝えるが，一般に主文は主たる情報を，補文は副次的な情報を伝達する．
ただどちらがより重要な情報を伝えるかは，使われる述語動詞とも関係し
てくる．発語動詞の say は，strong assertive（強い断定的述語：Hooper
(1975)）に分類され，たとえば，He says he wants to hire a woman. は
2つの命題，すなわち (I) He says X. と (II) He wants to hire a woman.

94

を主張しているとされる．しかし（I）の発話行為を主たる内容として伝えることもあるし，（II）の内容をより重要な内容として伝えることもあるので，あいまいさが生じてくる．

後者の場合，He wants to hire a woman, he says. と主文の伝達部を後置して，挿入句的に扱うことも可能であるが，前置の場合であっても，補文の内容を間接的に主張しつつ，内容の真偽に対する責任を回避することが意図されることもある．

このように主文と補文の間で情報の重要性の変動がみられるので，とくに一人称主語の場合には，話し手の補文へのかかわりの強さが操作される公算が大になると考えられる．

さらに「AがBと言った」と報告する人には，Bの事実性に関する責任はない．被伝達部の真偽に関して責任を負う立場にあるのは原話者Aである．たとえ事実と異なることでも，その原話者が報告者である自分ではないことを伝えることで責任回避ができる．一方であたかも事実を述べているかのような錯覚を与える効果もある．これは，伝達内容の真偽にかかわらず，自らの断定を避けた形で伝えるという点で，巧妙な情報操作といえよう．

3.2.3.　他者のことばを借りる

次例は，第1幕で勅選弁護士ウィルフリッド・ロバーツ卿の事務室にやってきたロメインと弁護士との会話である．

(11)　ROMAINE.　He told me that he had rescued an old lady and her parcels one day in the middle of a crowded street. He told me that she had asked him to go and see her.

ロメインは弁護士に向かって，夫は危ないところを助けた老婦人から家に来るように誘われたと言っていた，と夫とフレンチとの交流のきっかけを夫のことばを借りて説明する．伝達内容への自分のかかわりを避ける形で

話を展開させていく.

(12)　SIR WILFRID.　Quite, quite.　Before reading it in the paper, you had no idea of the fact?　Your husband had no idea of it?

ROMAINE.　(*After a pause.*)　Is that what he told you?

フレンチが財産をレナードに残すという遺言書を作成していたという事実に関して, 弁護士がロメインに, あなたもレナードも思ってもみなかったことなのかと問いかける.「夫がそのように言ったのですか?」と, ロメインは自分の答えを留保して問い返す.

(13)　SIR WILFRID.　(*Sighs with relief and resumes his seat* R. *of the desk.*)　Possibly the police have already questioned you on that point?

ROMAINE.　Oh yes, they came to see me yesterday evening.

SIR WILFRID.　And you said . . . ?

ROMAINE.　(*As though repeating something that she has learned by rote.*)　①I *said* Leonard came in at nine-twenty-five that night and did not go out again.

MAYHEW.　(*A little uneasily.*)　You said . . . ?　Oh!　(*He sits on the chair* L. *of the fire place*)

ROMAINE.　That was right, was it not?

SIR WILFRID.　What do you mean by that, Mrs. Vole?

ROMAINE.　(*Sweetly.*)　②That is what Leonard wants me to say, is it not?

SIR WILFRID.　It's the truth.　You said so just now.

ROMAINE.　I have to understand—to be sure.　If I say, yes, it is so, Leonard was with me in the flat at nine-thirty—will they acquit him? (SIR WILFRID *and* MAYHEW *are puzzled by* ROMAIN's *manner*.) Will they let him go?

MAYHEW.　(*Rising and crossing to* L. *of her*.) If you are both speaking the truth then they will—er—have to acquit him.

ROMAINE.　But when I said—that—to the police, I do not think they believed me. (*She is not distressed; instead she seems faintly satisfied*.)

SIR WILFRID.　What makes you think they did not believe you?

ROMAINE.　(*With sudden malice*.) Perhaps I did not say it very well?

　昨夜警察にどう言ったのかという弁護士の問いに対し，ロメインは ①で「あの晩レナードは9時25分に帰宅してそれから出かけなかったと言った」と返事をする．ロメインが警察に言った内容は補文命題であるが，それを弁護士にはあえて I *said* と伝達部を付け，しかもイタリック体による強調の表示で，この部分をより重要な情報としている．実はこの補文の内容は嘘であることがのちに明らかにされるが，ロメインはこの時点でI *said* を付け加えることで，補文を情報の重要性において二次的なものに格下げしているのである．つまり，自分は「〜と言った」のだとその発話行為を強調することで，発話内容に対する真偽の責任をあいまいにしている．したがってこの I *said* は非常に大切なポイントになる．I *said* 部分を際立たせ，補文の内容よりも自分の発言行為に相手の注意を引きつけようとしている．ここでは事務弁護士メイヒューが即座に You *said* を問題にしている．しかも ① の補文の内容は，② でレナードが自分に言って欲しい内容であると補強し，あくまでも自分が述べていることは，レナードに言えと言われたことばであるとする．

　さらにロメインは，自分が9時半にレナードと一緒にいたと警察に言ってもレナードが釈放されなかったのは，警察が信じてくれなかったからだろうと言う．その理由について尋ねられ，おそらく自分の言い方が悪かっ

たのではないか，と突然敵意をあらわに言う．

　第 2 幕の裁判所で検事マイヤーズから喚問を受け，ロメインはレナードにとって不利な証言をする．

(14)　MYERS.　What happened next?

　　　ROMAINE.　①He told me that I was to say he had been at home with me all that evening, especially he said I was to say he was at home at half past nine.　②I said to him, "Do the police know you've killed her?"　③And he said, "No, they will think it's a burglary.　But anyway, remember I was at home with you at half past nine."

　　　MYERS.　And you were subsequently interrogated by the police?

　　　ROMAINE.　Yes.

　　　MYERS.　Did they ask you if Leonard Vole was at home with you at half past nine?

　　　ROMAINE.　Yes.

　　　MYERS.　What did you answer to that?

　　　ROMAINE.　④I said that he was.

　マイヤーズ検事に事件当夜のことを聞かれたロメインは①で，夫に言われたとおりに言ったと答える．さらに「『警察はあなたが殺したことを知っているの』と尋ねると，彼は『いや，警察は強盗の仕業だと考えるだろう．とにかく 9 時半には家にいたと言うことを忘れるな』と言った」と②③では直接話法で答える．話法の切りかえや be to say を繰り返すといった文体上のぎこちなさで，言わされている自分の立場を前面に押し出す．ロメインは④でも伝達内容に責任をとる立場にない形で答える．自分はレナードに言えと言われたことばを言ったまでと示唆する．ここでもまた，ロメインは I said の部分を有標化して証言している．say が単なる

98

「言う」ではなく，発言そのものに重みを置くように，その点を顕示化する．主文と補文との間に that を挿入することで，挿入的意味にとられることの多い主文の動詞の意味を強調しているのである．

(15)　SIR WILFRID.　Now then. You have said—that there was blood on both cuffs?

ROMAINE.　Yes.

SIR WILFRID.　*Both* cuffs?

ROMAINE.　①I have told you, that is what Leonard said.

SIR WILFRID.　No, Mrs. Heilger, you said, "He told me to wash the cuffs. They had blood on them."

[...]

ROMAINE.　I remember now.　It was only one sleeve that I washed.

SIR WILFRID.　Thank you.　Perhaps your memory as to other parts of your story is equally untrustworthy.　I think your original story to the police was that the blood on the jacket came from a cut caused while carving ham?

ROMAINE.　I said so, yes.　But it was not true.

SIR WILFRID.　Why did you lie?

ROMAINE.　②I said what Leonard told me to say.

SIR WILFRID.　Even going so far as to produce the actual knife with which he was cutting the ham?

ROMAINE.　When Leonard found he had blood on him, he cut himself to make it seem the blood was his.

LEONARD.　(*Rising*) I never did.

SIR WILFRID.　(*Silencing* LEONARD) Please, please. (LEONARD *resumes his seat*.) (*To* ROMAINE) So you admit that

your original story to the police was all lies?　You seem to
be a very good liar.

ROMAINE.　　③Leonard told me what to say.

　第 2 幕の法廷で弁護士から，レナードの両袖に血がついていたと言っ
ていたが，それは両方の袖かと確認される．これに対しロメインは ① で，
レナードが言えと言ったことを言っただけ，とレナードのことばを借りて
証言する．

　さらに弁護士から，袖口の血は料理中に手を切ったときに付着した，と
警察に話したのではないかと指摘される．嘘をついた理由としてロメイン
は ② でもレナードが言えと言ったことを言ったまで，と伝達内容への自
分のかかわりを避ける形で話を展開させる．弁護士から嘘がうまいと皮肉
を言われたロメインは，レナードが私にこう言えと言った，と ③ でもあ
くまで夫のことばを借りて述べる．

(16)　ROMAINE.　I did not know what to do.　I do not know your
　　　　country and I am afraid of the police.　So I write a letter to
　　　　my ambassador, and I say that I do not wish to tell any more
　　　　lies.　I wish to speak the truth.

　(16) は，ロメインの証言の核心部分であるが，自分の心の内を伝える
ときにも，補文内容に間接性をもたらすために that が挿入され，I say の
部分を有標にして証言している．もう嘘は言いたくない，本当のことを言
いたいと伝えた，とそれ以前との差別化をしている．

3.2.4.　伝達のテクニック

　夫の無罪を画策するロメインのことばには，垣根表現や seem などの断
定を避けることば遣いは極端に少なく，他者のことばを借りて語るスタイ
ルが頻出する．これは，ロメインがドイツ人であるという設定を逆手に

とった巧妙なテクニックといえる．外国人であるロメインは，母語話者とは英語能力において差があると思われる点を逆に利用し，自分のことばではなく他者のことばを利用するという一見稚拙な形をとって話を展開させる．結局はそれが，自らの真偽判断を避けて自分の目論見に合った情報を相手に刷り込むためのテクニックとして，みごとに効を奏しているのである．

　他者のことばを借りて語ることは，日常的にもよくみられることである．ロメインの場合のように明らかに引用の形をとって責任回避をする場合もあるが，ときには原話者と伝達者の区別がはっきりしない場合や，伝達者が勝手に修整を行ってしまうようなこともある．どこまで伝達者が介入できるのかを考えることは興味深いうえ，実際どのような形で修整を施しているかを見極めることが必要となってくる．さらにいうと，他者のことばを借りて語ることすらしない，いわば「伝えない自由」も伝達者にはあるといえよう．

3.3.　相手のことば取り

　口論などにおいて，相手が使ったことばをそのまま返すメタ表現がよく使われる．たとえば What are you doing? と言われ，人称を変えて What am I doing?（私が何しているかだって？）と言い返したり，指示対象を変えて What are *you* doing?（お前こそ何しているんだ？）と問い返すことがある．相手が使ったことばをそのまま返すことで，相手には思いがけないカウンターパンチとなる．この節では私たちが相手のことばをどのように自分に有利になるように利用しているか，またその結果どのような効果を生み出しているのかなどを，具体例をみながら考えてみたい．

3.3.1.　エコー発話

　エコー発話は相手のことばの一部分または全体を繰り返す発話で，疑問符がつくものをエコー疑問文（echo question），感嘆符がつくものをエコー感嘆文（echo exclamation）と呼ぶ．基本的にはエコー疑問文の *yes-no* 型は，聞き手が自分の聞き取った内容が正しいかどうかを確認するためのものであり，*wh-* 型は聞こえなかった，あるいは理解できなかった箇所の内容確認をしたり，あるいは発話の内容をさらに詳しく説明してくれるように頼んだりするためのものである．また，エコー感嘆文は先行発話の一部分あるいは全部を繰り返し，それに発話者の感情を盛り込んだものである．

　ところが実際の対話ではこれらの説明では収まらない形式もみられる．そこでエコー発話あるいはエコー表現の範囲を拡大する必要がでてくる．従来のすでに発話されたもの（通常は対話の相手の発話）をエコーする場合に加え，相手のことばをエコーしているが疑問符も感嘆符もつかない場合，先行発話の語用論的推意を示唆する場合，相手が言いそうなことばを予想してそれをエコーする場合などを含め，さらに極性一致の付加疑問文も加えることにする．

　ここではすでに発話されたものをエコーする場合を「復唱型」，先行発話の語用論的推意を示唆する場合や相手のことばになりうるものを予想してそれをエコーする場合を「予想型」と分類する．これらの形式を整理し，エコーすることでどのような効果を生みだすのか，またエコー発話を使用する発話者の意図などを探りたい．

3.3.2.　極性一致の付加疑問文

　一般的な付加疑問文の形式は「平叙文＋付加疑問」で，先行する平叙文と後続する付加疑問との肯定と否定の極性が逆となる．

　（17）　H'm that's rather suggestive, isn't it?　　　　　　　　　（EUS）

(18)　You never lose your temper, do you?　　　　　　　　(TZ)

この種の付加疑問文は先行する平叙文の内容について，話し手が相手に念を押したり，同意を求めたりするときに使用される．

　ところが次のような極性が一致する付加疑問文もある．多くは肯定の場合である．

(19)　"Well ―" She paused. "He snored." "Ah!―he snored, did he?"　　　　　　　　(MOE)

(20)　And she wanted to find out something, did she?　　　　(BH)

(19)(20) の付加疑問文は，この付加疑問文に先行する発話を問題にしたり，話し手の推論によって得られる結果を相手に提示したりする形式である．(19) はすでに発話された文を問題にする復唱型，(20) は話し手が状況から相手のことばを予想して対話の場にもち出す予想型である．つまり極性一致の付加疑問文は，復唱型と予想型のエコー発話両方を含むものとしてとり扱うことができる．

　この極性一致の付加疑問文では，先行文に対して懐疑的なあるいは否定的なコメントが付けられる．「私はあなたの前の発話を問題にしたい」，あるいは「あなたの発言や状況を受け止めて解釈すると，次に言いたいことばはこうであろうと予想できるが，それでいいのですね」と相手に確認をしたり，さらに一歩踏み込んで「そうでしょうか，それはおかしいのでは」という疑問や反論を示したりすることもある．以下この「極性一致付加疑問」を *Cp tag* (constant polarity tag: Nässlin (1984))，エコーされるものを *S* と略記する．

3.3.3.　エコー発話の形式

　ここでエコー発話の形式をまとめてみよう．相手の発話（の一部）やさらに先行する発話がエコーされ，それに何も付加されない形と，疑問符，

感嘆符, *Cp tag* が付加される形の4種類の復唱型, および先行発話の語用論的推意や相手が発話しそうなことを予想してそれを引用し, 疑問符などが付加される形の4種類の予想型, の計8種類ということになる.

　形式的にはこの8種類が考えられるが, このうち相手の発話を予想しそれに自分の感情を付け加えることは, ある意味一人芝居的になるので, 起こりにくいと考えられる. そこでこれを除外し, ここでは7種類の形式のエコー発話の具体例をとりあげる. なおエコーされるものには波線を付けている.

3.3.4.　復唱型

　①　*S.* の場合
　(21)　KATE.　What will you try to teach her first?

　　　　ANNIE.　First, last, and―in between, language.

　　　　KATE.　Language.

　　　　ANNIE.　Language is to the mind more than light is to the eye.
　　　　　　Dr. Howe said that.

　　　　KATE.　Language.　We can't get through to teach her to sit
　　　　　　still.　You *are* young, despite your years, to have such―con-
　　　　　　fidence.　Do you, inside?　　　　　　　　　　　　　　(MW)

　家庭教師としてやってきたアニーに, ケイトが娘 (ヘレン・ケラー) に何を教えるつもりかと聞くと, 「徹頭徹尾ことばです」という返事が返ってくる. この「ことば」をエコーしたケイトに, アニーは「心にとってのことばは目にとっての光よりもずっと重要です」とことばの大切さを強調する. そこでケイトが再び「ことば」とエコーする.

　この型は基本的にはそのことばを是認するといった肯定的な場合が考えられるが, いったん相手のことばをのんだうえで, 次に自分の評価, 判断, 意見が継続することが多く, 後続文は重要となる. 実際ここでは, 自

104

分たちは娘にはじっと座らせることすらできないのに，ましてやことばなんて，と若いアニーの自信をいぶかしく思っている気持をにじませる.

② *S?* の場合

(22)　KATE.　What happened?

　　　ANNIE.　She ate from her own plate.　She ate with a spoon. Herself.　And she folded her napkin.

　　　KATE.　Folded—her napkin?

　　　ANNIE.　The room's a wreck, but her napkin is folded.　I'll be in my room, Mrs. Keller.　　　　　　　　　　　(MW)

エコー疑問文は基本的には相手のことばの内容を確認するために使われる. ケイトは，わが子（she）がナプキンを畳んだなどということはとても信じられないので，アニーのことばをエコーし，単なる確認に加え相手のことばに懐疑的な心情を示している. アニーはこれを受け，部屋はめちゃめちゃになったがナプキンは畳まれていると補強説明する.

③ *S!* の場合

(23)　"It was almost more like a threat than a warning."

　　　"A threat!" He sounded that rather incredulous.　　　　(EN)

エコー感嘆文は対話の相手のことばに対する話し手の感情を表しているので，書きことばでは，感情を特定する言い方についての記述が後続することが多い. たとえばどのような声の調子で，どのように叫んだかなどが表現される. さらに例文のように，相手のことばはとんでもないもので，認めたくないといった趣旨の文が後続することも多い. またさまざまな間投詞が付加されることも多い.

④ *S, Cp tag?* の場合

(24)　DOOLITTLE [desperately].　Now wait a minute, Governor, wait a minute. <u>You and me is men of the world, ain't we?</u>

HIGGINS.　Oh! <u>Men of the world, are we?</u>　　　　　(MFL)

前半の極性不一致の付加疑問文で，労働者ドゥリトルがヒギンズ教授に
同意を求めて，お互い世慣れた者同士だからと言う．これに対してヒギン
ズはその発言に *Cp tag* を付けて「世慣れた者同士だって，とんでもない
［一緒にするな］」と不満をぶつける．

(25)　Dr. Armstrong said, with a sigh of relief, "A disgraceful and
　　　heartless practical joke, I suppose."

　　　　The small, clear voice of Mr. Justice Wargrave murmured,
　　　"So <u>you think it's a joke, do you?</u>"

　　　　The doctor stared at him. "What else could it be?"　　(ATT)

ワーグレイブ判事は，アームストロング医師のことばを問題にして，
「それであなたはいたずらと思われているというわけですね」と疑問を呈
する．ところが医師は，「それ以外は考えられない」ととりあわない．

付加疑問は偏り（肯定・否定のどちらの答を予想するか）をもって発話
される．*S* がほとんどの場合は肯定文である極性一致の付加疑問では，前
半部の平叙文で「*S* が真であること」と肯定が，後半部の付加疑問で否定
の偏りをもって述べられる．そこで全体として矛盾が生じるので，*S* に対
して疑問や否定的な態度を表明することになる．さらに相手が発話したこ
とばをその本人が取り消すことまで期待することもある．さらに，感嘆符
が付く場合と類似し，感情表現であることを明示する語用論的標識 Oh,
So などが先行することが多いので，極性一致の付加疑問文は，エコー発
話の他の 3 形式の機能を併せもち，応答として単なるあいづち以上のも
のを要求することになる．実際に皮肉，不信，威嚇などを伝える強い感情
表現となる．

106

3.3.5. 予想型

① *S.* の場合

(26) SIR WILFRID. <u>So the prisoner had a great influence over Miss French, and she had a great affection for him.</u>

JANET. That was what it had come to. (WP)

ウィルフリッド弁護士が，被害者フレンチの家政婦であるジャネットに，「それでは，被告人は奥さんに非常に大きな影響力をもっており，奥さんの方も彼には惜しみなく愛情をそそいでいたというわけですね」と，相手に言わせたいことばを先取り引用し誘導していく場面で，相手を抱き込んでことばを決定しようと試みる．誘導尋問は効を奏し，家政婦の方は，「結果的にあなたの言われたことになってしまった」と認める．

ここでは〈（今までのことばや態度から解釈すると）あなたの次に言いたいことばはこうであると私は推測するので，これを認めてください〉という意図が込められる．この点で話し手の視点が導入されてはいるものの，あくまでも相手のこれからのことばが問題になる．この点は語用論的標識の so が付加されていることからもわかる．

相手のことばはこれから先のことであって現時点では明示されていないので，普通はそれを確かめるために *S?* の形式が出てくるように考えられるが，*S.* と断定することにより，話し手の確信の強さを提示して，相手に認めさせようとする誘導の力が強く押し出されることになる．また相手もこれを認めざるをえない立場に追い込まれることが多い．パラフレーズすれば，You will say *S.* / You want to say *S.* から，さらには You should say *S.* などとなるであろう．

② *S?* の場合

(27) SIR WILFRID. She listened to the wireless, perhaps?

JANET. Aye, she listened to the wireless.

SIR WILFRID. <u>She was fond of a talk on it, perhaps, or of a good play?</u>

JANET. Yes, she liked a good play. 　　　　　(WP)

　ウィルフリッド弁護士の「彼女はラジオを聞いていたということは？」に対して，ジャネット（証人）は「ええ，奥様はラジオを聞いていましたよ」と答える．また「彼女はラジオの座談会やドラマなんかも好きだったということは？」に対しては「ええ，ドラマはお好きでしたよ」と答える．ジャネットは，ウィルフリッドが仕掛けた予想型のことばを繰り返して是認する．

　ジャネットは，容疑者が被害者と会話をしているのをドア越しに耳にした，と証言する．これに対して弁護士は，これが犯行時間帯に放送中であったラジオドラマの会話の声であったという方向に，語用論的標識 perhaps を使いながら誘導しようとする．まずはラジオを聞くという一般的なことから始めて，犯行時もラジオを聞いていたという可能性のもと，ラジオ，それもドラマの番組を聞くという特定化の方向へと導き，さらにそこから証人が耳にしたのは，ちょうどその時間帯に放送されていたドラマのなかの男女の声である可能性が高いと絞っていく場面である．

　この箇所は相手のことばとなりうるものを提示して，それを相手に認めさせようとしている予想型である．日本語では「... という」が入ることにより，この文がメタ言語であるという指標が存在することになるが，英語ではメタ言語はいわゆる対象言語に織り込んで使用されることが多い．

③　*S, Cp tag?* の場合

(28) Two people were standing looking down on a dead man ...
Slowly, very slowly, Vera Claythorne and Philip Lombard lifted their heads and looked into each other's eyes ...

　　Lombard laughed. He said, "<u>So that's it, is it, Vera?</u>"

　　Vera said, "There's no one on the island—no one at all—ex-

108

cept us two ...”   (ATT)

とある島に集められた男女が次々と殺されていき，最後に残った3人のうちの1人が死体となって発見される．(28) は，生き残ったフィリップとヴェラがその死体を前にして交わす会話で，極性一致の付加疑問文が使われている．フィリップが犯人だとするヴェラのことばを推測して，「これで決まりと言いたいのだな」とフィリップは言う．この場合の S は前の発話にはなく，相手のことばを予想して先取りした例となる．

3.3.6. エコー発話による誘導

復唱型の場合は相手の使ったことばを問題にするので明示的であるが，予想型の場合は，発話者は前の発話の推意や予測される相手の発話を提示することで，相手を一定の方向へもっていこうとする意図がみられる．このようにエコー発話はことばのうえでの誘導テクニックの1つととることができる．したがって，極性一致の付加疑問文は S に対して疑問，否定的な含意が込められるので，否定の方向へ誘導することが意図されており，言い切り型や疑問符付加型では，肯定的な誘導内容が表明されるデザインとなる．

3.4. 心の盛り込み

口論で「悪いのはお前だ」と互いに言い合う場合，同じ「お前」でもそれが指示するものはそれぞれの相手である．ここでは発話の状況における「今ここにいる私」という直示性（deixis）が関係している．さらには責任の所在が直接的か間接的か，つまり元凶なのか結果的にそうなるのかでも話は違ってくる．発話の意図がわからなければ，そこに織り込まれたり盛

り込まれたりする送り手の心を酌むことは難しくなる．誰の声で語られる
誰の思考なのかという点のみならず，ことばを選ぶ視点や発想，仕掛や仕
組まれた構図などを意識して立体読みをする必要がある．盛り込まれた心
にたどりつくことができれば，ことばの幅や溜めを読み解く楽しみも実感
できよう．

3.4.1. 受け手への働きかけ

　フェイスブックの創始者ザッカーバーグが 2017 年に母校ハーバード大
学の卒業式で行ったスピーチの冒頭をみよう．[1]

(29) 　President Faust, Board of Overseers, faculty, alumni, friends,
proud parents, members of the ad board, and graduates of the
greatest university in the world, I'm honored to be with you to-
day because, let's face it, <u>you accomplished something I never
could. If I get through this speech, it'll be the first time I actu-
ally finish something at Harvard.</u> Class of 2017, congratula-
tions!

列席者に語りかける型どおりの部分で，自分ができなかった卒業を成し遂
げたと卒業生をもち上げる．このスピーチをやり遂げれば自分がハーバー
ドで最初に成し遂げたことになると述べている．これは，ザッカーバーグ
がフェイスブック設立後にハーバードを中退したという有名なエピソード
が下地になっており，聴衆をもち上げてその心をくすぐるジョーク仕立て
の構図となっている．
　このように，ことばのメタ機能は，観念構成的（ideational）やテクス
ト構成的（textual）な表出面だけではなく，対人関係的（interpersonal）

---

[1] https://news.harvard.edu/gazette/story/2017/05/mark-zuckerbergs-speech-as-written-
for-harvards-class-of-2017/

110

な面にもかかわる（Halliday (1970)）．相手への働きかけを担う部分の使い分けや構図も意識して，発話の意図やその効果を探る必要がある．

3.4.2. 対立の構図

相手への働きかけには，なんらかの対立の構図が潜んでいることがある．たとえば『奇跡の人』（*The Miracle Worker*）で，三重苦のヘレン・ケラーが家庭教師アニー・サリバンとの特訓合宿から家に戻ったお祝いの会が始まる．その席上でヘレンは家族を試すかのように，してはいけないことをわざとし始める．ヘレンを制止しようとするアニーに父ケラーが「家に帰ったお祝いだ（It's a homecoming party）」と穏やかに言う．これは［今日は特別で大目に見よう］とアニーを諭している．その意を酌んだアニーはいったんは思いとどまるが，あきらめきれずに母ケイトに矛先を変え，訴え始める．

(30)　ANNIE.　①-1She's testing you. You realize?

　　　JAMES (TO ANNIE).　①-2She's testing you.

　　　KELLER.　②Jimmie, be quiet.

　　　　（JAMES *sits, tense.*）

　　　Now, she's home, naturally she—

　　　ANNIE.　③And wants to see what will happen. At your hands. I said it was my main worry, is this what you promised me not half an hour ago?

　　　KELLER (REASONABLY).　④-1But she's *not* kicking, now—

　　　ANNIE.　④-2And not learning not to. Mrs. Keller, ⑤teaching her is bound to be painful, to everyone. I know it hurts to watch, but she'll live up to just what you demand of her, and no more.

　　　JAMES (PALELY).　①-3She's testing *you.*

KELLER (TESTILY). ⑥<u>Jimmie.</u>

JIMMIE. I have an opinion, I think I should—

KELLER. ⑦-1<u>No one's interested in hearing your opinion.</u>

ANNIE. ⑦-2<u>*I'm* interested</u>, of course ①-4<u>she's testing me.</u> Let me keep her to what she's learned and she'll go on learning from me. Take her out of my hands and it all comes apart.

(KATE *closes her eyes, digesting it;* ANNIE *sits again, with a brief comment for her.*)

⑧<u>*Be* bountiful, it's at her expense.</u>

アニーは，She's testing you.（①-1）と試されているのは母ケイトであるとその覚悟を問う．すかさず兄ジェイムズが，そう言うアニーのほうこそ試されているのだ（①-2）と投げ返し，父の制止を無視し *you* を強調し繰り返す（①-3）．それに対して，アニーは she's testing me（①-4）と受けて立ち，説得を続ける．何度かエコーされるこの表現は，動作主 she はヘレンのまま，その試される you の指示対象が変わっていく．また④-1の今は暴れてはいないという見かけからのケラーの反論に，アニーは相手の使った形式を一部入れかえて返す．しては駄目ということがわかっていない（④-2）と本質論で訴えるアニーに対し，ジェイムズが①-3と繰り返して励ます．

　アニーは親の態度を試すヘレンの魂胆を見抜いて③と言い，自分たちが辛くて見ていられないからとヘレンのためにならないことを容認する両親の身勝手さを糾弾し，母ケイトを説得しようとする（⑤⑧）．ケラーは，ジェイムズが口を挟むのを②⑥で Jimmie と愛称で呼んで制止し，誰もお前の意見など聞きたくない（⑦-1）と一人前に扱おうとしない．そのケラーのことばを逆手にとり，アニーは⑦-2でジェイムズの意見をまともに受け止める．⑤の後半でアニーは，子は親が期待する程度の人間にしかならず，親の態度こそ求められると言う．甘すぎて要求しないのも，ま

た厳しすぎて要求しすぎるのも，実は本人のためにはならないことを盛り込み訴える．

　ヘレンの教育をめぐる話ではあるが，ケラー夫妻とアニーとの対立のみならず，ケラーとジェイムズとの父子対立も隠されている．2種の対立を重奏させる構図から，感情におぼれず現実を直視し受け入れることの難しさが浮かび上がるようにデザインされている．

3.4.3. 説得と誘導

　対立があると，説得の働きかけをする必要が出てくる．論理と理性に訴える論説と比べ，説得は「心理的観点から相手の感情に訴えて自己の意向の実現を計る」という違いがあり，「人が説得される時には，説得者と被説得者との間にある一体化」すなわち「感情と信じ込みとを結びつける合理づけによって成立」する（池田 (1992)）．説得で相手の感情に訴えても，頭では理解できても受け入れる気持にはなれない場合もあるので，相手を心から納得させることは難しい．この論理・理性・感情は，アリストテレスの説得の 3 要素とされている．説得のうち，他者への働きかけ方が必ずしも明示的ではなくいわば間接的なものを，誘導としてここでは区別する．

　題材として，父親殺しの容疑の少年をめぐる陪審員のディスカッション・ドラマ『12 人の怒れる男』（*Twelve Angry Men*）をとりあげる．アメリカの陪審員制度においては，被告が合理的疑義なく有罪か（guilty beyond a reasonable doubt）の議論を経て，陪審員全員の評決の一致を図る．このドラマでは，さまざまな背景をもつ 12 人の陪審員が，いわゆる状況証拠や目撃証言などでは極めて不利な状況にある被告の少年に対する評決をめぐり議論を戦わす．

3.4.4. 誘導のプロセス

　陪審員たちの挙手による予備投票で，第 8 番陪審員だけが無罪を投じ

る．簡単に決まるとばかり思っていたその他の陪審員は驚くが，それに対して第 8 番は話し合おうと提案する．一人息子に背かれ断絶している第 3 番は，容疑者の少年に自分の息子を重ね合わせてしまうようで他人事とは思えず，少年被告に厳しい態度をとる．

　父親に少年が I'm going to kill you と叫んだことが許せない第 3 番に，第 8 番は日常的によくあることで，言ったとしても本気で殺すつもりではないと指摘する．それに対し，第 3 番はそんなに大声でどなって言うのは本気だと反論する．第 8 番がさらに議論を吹っかけるので，第 3 番は (31) でアピールをし始める．

(31)　3RD JUROR.　... Every one of you knows this kid is guilty. He's got to burn.　①We're letting him slip through our fingers here.

　　　8TH JUROR.　(*moving the chair* C *aside; calmly*)　②Slip through our fingers? Are you ③his executioner?

　　　3RD JUROR.　④I'm one of 'em.

　　　8TH JUROR.　⑤Maybe you'd like to pull the switch.

　　　3RD JUROR.　(*moving to* L *of the 8th Juror; shouting*) For this kid? ⑥You bet I'd like to pull the switch.

　　　8TH JUROR.　⑦I'm sorry for you.

　　　3RD JUROR.　(*backing from the 8th Juror*) Don't fool with me now.

　　　8TH JUROR.　(*following the 3rd Juror*) ⑧What it must feel like to want to pull the switch.

　　　3RD JUROR.　(*raging*) Listen, you—shut up!

　　　8TH JUROR.　(*baiting him*) Ever since we walked into this room you've been behaving like ⑨a self-appointed public avenger.

　　　3RD JUROR.　I'm telling you now! Shut up!

114

8TH JUROR.　You want to see this boy die because you person-
　　　　ally want it, not because of the facts.

3RD JUROR.　(*roaring*) Shut up!

8TH JUROR.　You're ⑩a sadist!

3RD JUROR.　Shut up, ⑪you son of a bitch! (*He lunges wildly
　　　　at the 8th Juror*)

　　　　(⑫*The 8th Juror holds his ground. The 5th and 6th Jurors
　　　　grab the 3rd Juror from behind. He strains against the
　　　　hands, his face dark with rage. The Foreman moves to R of
　　　　the 8th Juror to restrain him*)

　　　　Let me go!　⑬I'll kill him!　I'll kill him!

8TH JUROR.　(*calmly*) ⑭You don't *really* mean you'll kill me,
　　　　do you?

被告に厳罰を求める第3番の ① の slip through our fingers（とり逃がす）
ということばが引き金となり，第8番が聞き捨てならないとばかりに ②
でエコーして，③ ではまるで executioner（処刑人）気取りではないかと
とがめる．第3番はそうだと ④ で受けてたち，さらに続けて ⑤ の pull
the switch（処刑のスイッチを入れる）には売りことばに買いことばで，
強がって ⑥ とエコーさせ，第8番から ⑦ で憐れみを受ける始末である．
さらに ⑧ と詰め寄り，⑨ a self-appointed public avenger（死刑執行人き
どり），⑩ sadist とレッテル貼りして言い募る第8番に対して，第3番は
なんとか黙らせようと shut up を連発し，⑪ と口汚く罵倒する．ト書 ⑫
では，怒りに任せ第8番の方に突進しようとする第3番を，第5番や第6
番が背後から止めに入る．抵抗する第3番は怒りに任せ ⑬ I'll kill him!
と繰り返して叫ぶ．それに対して，第8番は静かに ⑭ でまさか本気では
ないだろう（You don't really mean you'll kill me, do you?）と問い返す．
これはまさに第3番が自ら，被告の言ったようなことばは本気でなくと

も感情的になれば使う，ということを実証してしまったのである．今まで
紳士的であった第 8 番は，わざと ③ ⑨ ⑩ などといった過激なレッテル
を使って，第 3 番を挑発したのである．

　このようなレッテル貼りは，盛り込まれた使い手の心のメタ語用論的表
明として大きな効果を発揮する．結果的にみごとに誘導された第 3 番は，
自分の主張の誤りを認めざるを得ないはめとなった．第 8 番には説得す
る意図といった明確なものはなかったにしても厳しいことばで攻撃するこ
とで，相手に怒りのあまり我を忘れさせ不用意な発言を誘導することには
成功したのである．

　のちに第 3 番も，まんまと第 8 番の企みに引っかかったと述懐してい
る（Listen, that business before, you know, where that guy was baiting
me. I mean, that doesn't prove anything.）．誘導されたとはいえ，自ら実
証し論理的には認めざるをえなくても，心情的にはまだ受け入れられない
ことは「だからといって何の証明にもならない」ということばにもうかが
われる．不用意な言動をしたことは認めても，議論自体での納得はしてい
ない．説得のプロセスの大枠からみると，誘導により第 3 番の主張の誤
りは認めさせたものの，だからといって被告にもあてはまる可能性がある
という納得までには至っていないのである．

3.4.5.　説得のプロセス

　第 8 番の目論見どおりに議論は進んでいく．投票してもむだだと反対し
たにもかかわらず無罪票が増えていくので，第 3 番は無罪に転じた第 11
番に怒りをぶつける．

(32)　3RD JUROR.　I mean, everybody's heart is starting to bleed for
　　　　①this punk little kid—（*he crosses to* R *of the 11th Juror*)
　　　　like the President just declared it ②"Love Your Underprivi-
　　　　leged Brother Week", or something. (*To the 11th Juror*)

③Listen, I'd like you to tell me why you changed your vote. ④Come on, give me reasons.

11TH JUROR.　(*looking straight at the 3rd Juror; strongly*) ⑤I don't have to defend my decision to you.　I have ⑥a reasonable doubt in my mind.

3RD JUROR.　⑦What reasonable doubt?　That's nothing but words. (*He moves to the table, pulls out the switch-knife and holds it up*) ⑧Here, look at this.　The kid you just decided isn't guilty was *seen* ramming this thing into his father.

(*The 11th Juror turns away* L)

⑨Well, look at it, ⑩Mr Reasonable Doubt.

第3番は①this punk little kid（このチンピラ）で被告，②"Love Your Underprivileged Brother Week"（恵まれない人愛護週間）で無罪とする陪審員をあてこするレッテル貼りで敵対的な立場を明確にし，挑発的に③④で変更した理由を第11番に対して求める．それに対し，第11番は⑤で申し開きをする必要はないとしつつ，⑥で合理的疑義があると理由を述べる．第11番は自由を求めてドイツから移住してきたためか，自由や正義に対する思い入れは人一倍深い．⑥の reasonable doubt ということばが引き金となり，⑦と問い返した第3番は挑発的に⑧⑨と語りかけて注意を引き，これみよがしにナイフを振りかざす実演をする．さらに第11番に対し⑩Mr Reasonable Doubt と揶揄して呼びかけ，①②と同様のレッテル貼りをして攻撃する．ここでいう合理的疑義は1つでもあれば有罪とはならないはずであるが，第3番にはこの機微がわからない．

　合理的疑義が出てきて，次々と陪審員が評決を翻すなか，とうとう最後まで強硬であった第3番が（33）で無罪を認めることとなる．孤立し破れかぶれになった第3番が議論を吹っかけ，最後に説得される構図になっている．

(33)　3RD JUROR.　Everything—every single thing that came out in that courtroom, but I mean everything, says he's guilty. ①Do you think I'm an idiot or something? (*He pauses and rises*) You ②lousy bunch of bleeding hearts. (*He pauses*) ③You're not goin' to intimidate me. (*He pauses*) I'm entitled to my opinion. (*He pauses and sits on the 9th Juror's chair*) I can sit in this goddamn room for a year. (*He pauses*) Somebody say something. (*He pauses*) [...]

That whole thing about hearing the boy yell? The phrase was, "I'm gonna kill you." (*He sits on the 9th Juror's chair*) That's what he said. To his own father. I don't care what kind of a man that was. It was his *father*. ④That goddam rotten kid. I know ⑤him. What ⑥they're like. What ⑦they do to you. How ⑧they kill you every day. ⑨My God, don't you see? How come I'm the only one who sees? ⑩Jeez, I can feel that knife goin' in.

(*There is a long pause*)

8TH JUROR.　⑪It's not your boy. He's somebody else's.

4TH JUROR.　⑫Let him live.

(*There is a long pause*)

3RD JUROR.　All right. "Not guilty."

第3番は ① で自己の正当化を図ろうと，それを ② lousy bunch of bleeding hearts（情に流される者ども）のレッテル貼りで強調し，さらに ③ で威嚇されないと宣言し，自己の立場を明快にする．今までの議論を蒸し返し（例文では中略）ながら，④ では被告少年へのレッテル貼りにより，自分に背いた息子と重ね合わせる．自分の息子にまつわる痛みが盛り込まれ，⑨ ⑩ の感情表現で高まっていき，⑩ ではナイフに刺される親の痛み

となって強調される．第3番の ④ を受けた ⑤ の him が特定的であった
のが，⑥〜⑧ では複数形の一般的な they になっている．これで，第3番
が被告の少年に父親に反抗する息子，つまり自分の息子を重ね合わせてい
ることがうかがわれる．そして第8番の ⑪ の，被告は第3番の息子では
ないという指摘と，第4番の特定的 him を使った助言 ⑫ により，ようや
く第3番は少年の無罪を認めるのである．第3番の感情に訴えることで
第3番も納得し，説得が遂行された．ここでは代名詞の使い方が論の流
れを変えるデザインとなっている．

　最終的にすべての陪審員を納得させるため，作者は伏線やト書も利用し
ながら，対人関係も含めた重層的な説得のデザインを示している．

3.4.6.　情報操作のデザイン

　使い手は素になる命題部に対し，メタ語用論的意識の指標を使って相手
のことばをとり込んだり，自分の評価を織り込んだり，心を盛り込んだ
り，あるいは相手に働きかけて巻き込んだりして，話の道筋をつけて受け
手の解釈を導こうとする．情報に階層性をつけながら，情報管理ときには
情報操作を行い，所期の目的を遂げようとする．これは，使い手が状況に
応じて発語内や発語遂行の力を調整している証にほかならず，メタ談話に
よる命題および談話の流れに対する使い手の修整として，重層的な情報管
理がなされているといえよう．

　発話内容もさることながら，情報管理のレベルでの重要性，ときには論
の流れを巧みに切りかえたり一気に変えたりするデザインが明らかになる
とともに，さらにはそれらを操作している作者のより大きな情報デザイン
もかかわってくることになる．

3.5.　ジョーク

　言語ユーモアとしてもっとも一般的にみられるのがジョークである．これは相手を誤誘導して驚かせることによって笑いを生みだすことを目的とするもので，Grice の協調の原理に違反する非協力的な言説である．ここではおもに対話のなかに笑いの仕掛が隠されているジョークを中心に，会話者同士のやりとりにみられる情報操作について考察する．またジョークが談話の流れのなかでどのように使われ，効果を生んでいるのかにも注目したい．

3.5.1.　ジョークのしくみ

　ジョークは導入部（build-up）と落ち（punch または punchline）という2 つの部分からなる．前者は後者の前にきてジョークの本体を構成し，予想（expectation）をつくり出して受け手をある方向へと導く．後者はそれを締めくくる部分で，導入部で形成された予想をくつがえし，テクストをユーモラスなものにする．また導入部のなかにあって受け手を誤誘導していく部分は転回軸（pivot または trigger）と呼ばれ，ジョークの仕掛の核になる．落ちは予想と現実との不一致によって引き起こされる．

- (34)　A panhandler came up to me today and said he hadn't had a bite in weeks, so I bit him. (Herman et al. (eds.) (1999: 267))

　(34) では，導入部は文頭から weeks まで，落ちは最後の so I bit him である．had a bite が転回軸として働いていており，「食べる」と「噛まれる」の二義性に基づく，いわゆるだじゃれとなっている．受け手は最初に「食べる」の意味で解釈し，最後に「噛む」の解釈に方向転換させられる．通行人に施しを求める物乞いというフレームは消え去り，［通行人＝加害者，物乞い＝被害者］という関係へと逆転する．

120

　このようなジョークは，受け手に2つの解釈を想起させる仕掛けを備えた言説である．受け手をいったんある読みに誘いこんで特定の事柄を期待させ，転回軸によって反転させて別の読みに導く，いわば騙しのテクニックである．そして落ちに隠されている第2の解釈は，非現実的で異常な，ときにはあり得ないような内容であることが多い．

　すべてのユーモアに共通する基本的要素はサプライズであるといわれる．サプライズは実際に起こることが予想と一致しないときに生じる感情であるが，これはジョークの落ちの構造にも通じる．ただしサプライズがすべておかしさと結びつくわけではなく，ジョークの必要条件ではあっても十分条件ではない．またジョークのなかの人物がみな嘘を言ったり，不誠実で非協力的な会話を行ったりするわけでもない．トリックを仕掛けて誤誘導を行うのは一方だけで，もう一方の，騙されるほうは常識的でまじめな会話者である．ジョークを理解するには，その誤誘導のメタ表象にたどりつく必要がある．

3.5.2.　ジョークのレトリック

　ジョークの多くが量の公理に対する違反である．どのような言説も出来事についての全情報を提示することは不可能で，そこから取捨選択することになり，そこに情報の空白が生じる．ふつうは重要でない情報が省略されるが，ジョークでは故意に重要な情報を語り落とすことがある．以下，意図的に量の公理を破り，重要な情報を伝えないことによって相手を誤誘導するジョークの例を示す．

(35) 　TEACHER. 　Why are you late?
　　　　STUDENT. 　There was a man who lost a hundred dollar bill.
　　　　TEACHER. 　That's nice. Were you helping him look for it?
　　　　STUDENT. 　No. I was standing on it. 　　　　　　　　(JEE)

遅刻の理由を聞かれた生徒の答に重大な情報の隠蔽があることに，教師

は気づいていない．日常会話では，相手が推意できることはできるだけ省略しようとする傾向があり，空白は受け手が推論で埋めていく．「100 ドル札を失くした人がいた」と聞いた時点で引き出されるもっとも自然な解釈は，「生徒は 100 ドル札をさがすのを手伝っていた」である．このジョーク全体から構築できる出来事構造を時系列でみると次のようになる．

(36)　① 生徒が登校中に 100 ドル札を失くした人に出会う．
　　　② 100 ドル札を見つけて足で踏んで隠す．
　　　③ 100 ドル札を手に入れる．
　　　④ 遅刻して登校する．

導入部では ① ④ のみが提示され，落ちに至って初めて ② が提示され，③ が暗示される．出来事構造の一部分が語り落とされることによって生まれた予想と現実のくい違いがおかしさを生んでいる．

(37)　SON.　Did you know there's a black cat in the dining room?
　　　FATHER.　Don't worry, they're supposed to be lucky.
　　　SON.　Well, this one certainly is. He's eating your dinner!

(PDJ)

(37) は，当然初めから与えるべき重要な情報を後回しにしたために混乱を招く誤誘導の例である．息子は「黒ネコが食堂にいる」という包括的情報だけを伝え，そのネコが何をしているのかというもっとも重要で緊急を要する情報は伝えない．lucky が転回軸として働き，「黒猫は縁起がいい」から「この黒猫は（夕食にありつけて）運がいい」へと意味が転換されている．さらには，夕食を食べられてしまった父親の不運へと繋がっていくという落ちがある．

　次は逆に不要な情報を入れることで誤誘導する例である．

(38)　A.　I was walking past this building site when this brick came hurtling down, missing my shoulder by this much!

B. Thank goodness!

A. And landing smack on the top of my head! (PDJ)

伝えるべき情報は「Aが建築現場を通っているときに，上からレンガが落ちて来て頭を直撃した」である．最初の発話で「肩をかすめた」と言っているため，Bはレンガは A に当たらなかったと解釈するが，最後にその予想が裏切られる．ここでは重要な情報を後回しにして余分な情報（レンガが肩をかすめた）を先に述べたために誤誘導に繋がっていく．

　ジョークは思い込みや先入観のうえに成立するが，次は背景の設定に仕掛が隠されているジョークである．

(39) [A young American tourist goes on a tour of a creepy old castle in England]

GUIDE. How did you enjoy it?

TOURIST. It was great, but I was afraid I was going to see a ghost in some of those dark passage ways.

GUIDE. No need to worry, I've never seen a ghost in all the time I've been here.

TOURIST. How long is that?

GUIDE. Oh, about 300 years. (LBM)

(39)は古城ツアーに参加している旅行者とそのガイドの会話である．このガイドの正体が実は旅行者が恐れる「幽霊」なのであるが，旅行者はガイドは自分と同じ人間であるという思い込みをもっている．幽霊が自分の棲む古城のガイドをしているという設定部分に情報の隠匿があり，恐怖の落ちに至る．

　次に落ちの部分に空白がある例を示す．落語でいういわゆる「考え落ち」で，よく考えないとその意味やおかしさがわからない．推理の要素をとり

入れたジョークである.

(40)　FATHER.　I hear you skipped school to play football.

　　　　SON.　No, I didn't and I have the fish to prove it!　　　　(PDJ)

No, I didn't が転回軸で，学校をさぼったことを否定しているのか，学校
をさぼってサッカーをしていたことを否定しているのか，あいまいであ
る.しかしそのあとを読むと［魚が証明している］→［息子は魚釣りに
行った］という逆方向の推論をたどって，やはり［息子は学校をさぼって
いた］という結論に到達する.

　他者の心のうちは外側から知ることはできず，その人物の言動を手がか
りに推測するしかない.他者の発話や行為の動機や意図についての解釈は
あてにならないもので，次はそうしたあいまいさを利用して誤誘導する例
である.

(41)　A.　Why are you crying?

　　　　B.　The elephant is dead.

　　　　A.　Was he your pet?

　　　　B.　No, but I'm the one who must dig his grave.　　　　(JEE)

B が泣いている理由を言わないので，A は［B はゾウが死んだのを悲し
んでいる］という常識的な発想で解釈しようとする.しかし突然方向転換
が行われ，その読みとは対極にあるような［B はゾウの大きな墓穴を掘る
のを嫌がって泣いている］という，常識を超えた B の本心が明かされる.

3.5.3.　ジョークの効用

　談話の流れのなかで，ジョークがどのように使われているかをみてみた
い.

(42)　LAURA.　(*smiling*) I'll just imagine he had an operation.　The

124

horn was removed to make him feel less—freakish!

(*They both laugh.*)

Now you will feel more at home with the other horses, the ones that don't have horns. . . .

JIM.   Ha-ha, that's very funny!

(*Suddenly serious*)

I'm glad to see you have a sense of humour.   (GM)

はずみでローラが大事にしているガラス製のユニコーンの角が折れてしまったことを謝るジムに，ローラは手術で角を取ってほかの馬と同じようになったと考えよう，と返す．ユニコーンのシンボルである角が折れたという悲劇から，奇妙さがなくなった吉事へと発想を転換させてジョーク仕立てにしている．これは，ローラのコンプレックスである足の不自由さとユニコーンの角のイメージが重なり合って，内気なローラが殻を破る瞬間ともなっている．

(43)　　"Which way did they go, Peeves?" Filch was saying, "Quick, tell me."

"Say 'please.'"

"Don't mess with me, Peeves, now *where did they go*?"

"Shan't say nothing if you don't say please," said Peeves in his annoying singsong voice.

"All right—*please*."

"NOTHING! Ha haaa! Told you I wouldn't say nothing if you didn't say please! Ha ha! Haaa!"   (HSS)

幽霊のピーブスは，ハリーたちがどこに行ったか尋ねるフィルチに，「please と言わなければなにも言わない (say nothing)」と答える．教えてもらうために仕方なく please と言ったフィルチに，彼はただ NOTHING

ということばだけを返す．please のみならず nothing もメタ言語として
使われており，からかわれたフィルチは怒りをつのらせる．

(44) PUMBAA. Hey kid, what's eatin' ya?

　　　TIMON. <u>Nothing; he's at the top of the food chain!</u> Ahhhhhh-
　　　　　　ha ha haaa! The food cha-haain! (*Pumbaa and Simba stare
　　　　　　at him silently*) Ha ha hum . . . ahem. (*Realizing his joke
　　　　　　flopped*) So, where you from . . . ?　　　　　　　(LK)

　落ち込んでいるライオンのシンバに対して何を悩んでるのか（what's
eatin' ya?）と尋ねたプンバの発話が展開軸となる．ティモンはわざと文
字通りに「食べている」と解釈したうえで，ライオンは食物連鎖の頂点に
いるのだから，食べられるなんてことはありえない，とジョークを言って
悦に入る．しかし深刻な場にふさわしくないジョークであったため，みご
とにすべってしまう．

　これらのジョークは，その場の雰囲気を和らげたり，からかったり，自
分の知識や頭の良さを誇示したり，とさまざまな目的で使われている．ま
たジョークには，会話者が最初からそのつもりで言う場合と，会話者はま
じめに話しているが，はたからみると期せずしてジョークになっている場
合がある．

(45) NALA. What else matters? You're alive, and that means . . .
　　　　　you're the king.

　　　TIMON. King? Pbbb. Lady, ①<u>have you got your lions crossed.</u>

　　　PUMBAA. King? Your Majesty! ②<u>I gravel at your feet.</u> (*Noisi-
　　　　　ly kisses Simba's paw*)

　　　SIMBA. Stop it.

　　　TIMON. (*To Pumbaa*) It's not "gravel." It's "grovel." And
　　　　　DON'T—he's not the king. (*to Simba*) Are ya?　　　(LK)

　ナラから「あなたが王よ」と言われたシンバであるが，それを信じない
ティモンと信じるプンバが 2 人のやり取りをまぜっ返す．まずティモン
の ① have you got your lions crossed はダジャレで，get lines crossed
（思い違いする）の lines をもじって lion に変えている．プンバの方は足
元に grovel（ひれ伏す）と言うべきところを間違えて ② gravel（砂利を敷
く）と言っている．これらのやり取りから，自分の頭の良さに自信をもつ
ティモンはツッコミ役，朴訥で人の良いプンバはボケ役というキャラク
ターが浮き彫りになる．

3.5.4.　ジョークとフィクション

　ジョークのおもしろさやおかしさは，話の内容とその表現方法に分けて
考える必要がある．ジョークのトピックとしては，おもしろおかしい出来
事だけでなく，生死，夫婦の愛憎，事故や怪我，殺人などシリアスなも
の，さらにはブラックジョークのように攻撃的，敵対的なものも多い．
ジョークのおもしろさの多くは，描かれた出来事自体よりむしろその提示
の仕方にあると言ってよいであろう．悲劇も語り方次第でジョークになる
といわれる．悲劇的か喜劇的かを決めるのは題材そのものではなく，その
扱われ方であり，結果としてさまざまな効果を生む．

　ここでみたジョークの多くは，会話のやり取りのなかで，一見まともな
情報提供を行っているようにみえるが，実はそこに予想もしない別の読み
を潜ませている．情報を過不足なく提供するという会話の公理から外れ，
相手の思い込みや常識を逆手に取ってサプライズを演出している．これが
さまざまな情報操作のトリックを駆使して読み手を翻弄する推理小説との
共通点で，ジョークはこれを極端に追求したもので，短いミステリーであ
ると言われる．いずれにしてもジョークの愉しさの最たるものは，推理小
説同様，巧妙に仕組まれたトリックにまんまと騙される喜びではないだろ
うか．

128

計4種類のテキストのコーパスを作成する.[1]

> コーパス ①: オバマ 1（2009/1 オバマ大統領就任演説 1 回目）
> （cobamainau1.txt）
> コーパス ②: オバマ 2（2013/1 オバマ大統領就任演説 2 回目）
> （cobamainau2.txt）
> コーパス ③: ケネディ（1961/1 ケネディ大統領就任演説）
> （ckennedyinau.txt）
> コーパス ④: リンカーン（1861/3 リンカーン大統領就任演説 1 回
> 目）（clincolninau.txt）

　各コーパスの統計情報（statistics）の 1 部をまとめると表 1 になる.[2]

表 1　各コーパスの統計情報

	①オバマ 1	②オバマ 2	③ケネディ	④リンカーン
ファイル・サイズ	13,696	12,381	7,565	21,006
トークン	2,415	2,130	1,366	3,639
タイプ	895	782	533	1,006
タイプ／トークン値	37.08	36.77	39.02	27.64

　表 1 のオバマのコーパス ① と ② はファイル・サイズがほぼ同じで，③④ とは大きく異なる.「タイプ／トークン値」は ①②③ は近似しているが，④ ではかなり低い.　割合が低いということは同じ語が繰り返し使われているということで，通常はほかのテキストに比べてより読みやすいと判断される.

---

[1] それぞれ公式サイトよりテキストをとり，*TeraPad*（Version 1.09）を使用し整形をしてコーパス ①〜④ を作成する.
[2] *WordSmith Tools*（Version 5）の *WordList Tool* を使用し，コーパスを処理して統計情報を抽出する.　統計情報中のタイプとトークンは，たとえば 1 つのテキストのなかで，he という単語が 40 回使用されているとき，タイプは 1，トークンは 40 と数える.

各コーパスのキーワード・リストの上位10は表2となる.[3] ワードスミスの場合このキーワードには，いわゆるキーワードであると普通に判断できるような種類の語，当該のコーパスに特有の固有名詞，さらに頻度の高い語で読み手が通常キーワードとは判断しにくい語の3種類が含まれている.

表2　各コーパスのキーワード・リスト

	①オバマ1		②オバマ2		③ケネディ		④リンカーン	
	キーワード	頻度	キーワード	頻度	キーワード	頻度	キーワード	頻度
1	OUR	68	OUR	76	LET	16	CONSTITUTION	24
2	*APPLAUSE*	13	*APPLAUSE*	25	PLEDGE	7	UNION	20
3	WE	60	WE	66	OUR	21	STATES	19
4	NATION	12	US	21	WE	30	SHALL	17
5	US	23	CREED	5	SIDES	8	BE	76
6	AMERICA	8	MUST	16	CITIZENS	5	UPON	15
7	AND	111	LIBERTY	5	US	12	LABOR	5
8	GENERATION	5	CITIZENS	6	NATIONS	5	CONSTITUTIONAL	8
9	OATH	3	NATION	6	BOTH	10	ANY	27
10	SPIRIT	5	OATH	4	AMERICANS	4	SECEDE	4

　表2のキーワード・リストから，聴衆の反応を示す APPLAUSE を除くと，① ② はともに人称代名詞の OUR, WE がトップを占め，さらに US の順位も考え併せると，これらの人称代名詞が有標的に使用されてい

---

[3] *KeyWords Tool* を使用して，リファレンス・コーパスには BNC Written (http://lexically.net/downloads/BNC_wordlists/downloading%20BNC.htm)を設定してキーワードを抽出する.

ることがわかる．これに続くのは名詞 NATION, AMERICA および接続詞 AND である．③ とは類似する点もあるが，④ とは大きく異なる．一般に頻度数で抽出されるワード・リストの上位には，冠詞・接続詞・前置詞などの機能語，さらに代名詞などがくる．これらの，通常は高頻度の語が，オバマ演説では同時にキーワードとして抽出されていることから，これは1つの特徴といえる．文や段落構成に関係する基本的な語が抽出されているということは，テキストの内容というよりは，聞き手との関係や距離を意識したことば遣いがかかわっていると考えられる．

4.1.2. 人称代名詞

　就任演説の人称代名詞全般（we/our/us, I/my/me, you/your）の頻度数は表3となり，ともに we/our/us の頻度数が他に比べて高く，you/your には差がみられる．代名詞が演説のどの辺りで使用されているのかを視覚的に表示すると，図1, 2のプロットとなる．図中の Plot の左端が演説の最初で，右端が最後である．

表3　コーパス ①, ② の人称代名詞の頻度数

	WE	OUR	US	I	MY	ME	YOU	YOUR
①オバマ1	60	68	23	3	2	0	14	3
②オバマ2	66	76	21	4	3	0	5	0

N	File	Words	Hits	Plot
1	cobamainau1.txt I	2,420	3	
2	cobamainau1.txt my	2,420	2	
3	cobamainau1.txt you	2,420	13	
4	cobamainau1.txt you've	2,420	1	
5	cobamainau1.txt your	2,420	3	
6	cobamainau1.txt we	2,420	60	
7	cobamainau1.txt our	2,420	68	
8	cobamainau1.txt us	2,420	23	

図1　① における検索語 I/my/you/your/we/our/us のプロット

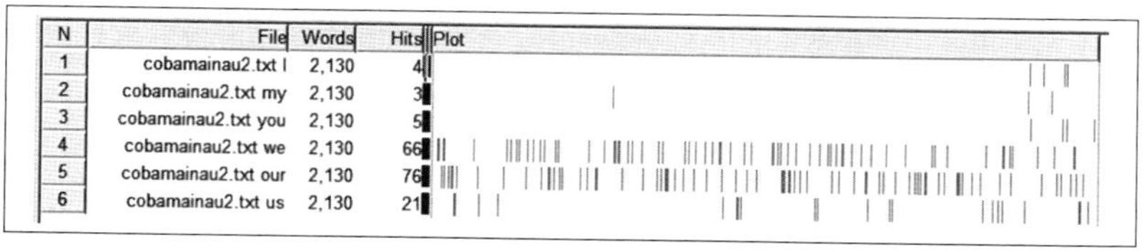

図2　②における検索語 I/my/you/we/our/us のプロット

　図1の1，2段目の I/my はわずか5回で，これらはその使用例のコンコーダンス（concordance）から，3例が演説の冒頭における聴衆への呼びかけ，自分の立場表明，前大統領への謝辞の箇所であるとわかる．一方，図2の1，2段目の I/my は3段目の you とともに演説の最後に偏って表出される．締めくくりで初めて「I スタンス」の箇所が出てくるが，ここは聴衆に向かって You and I, as citizens と呼びかけて相手を巻き込もうとする箇所でもある．これは聴衆にとってはかなりインパクトの高い効果的な句として働くと考えられる．

　とくにプロットに差がみられるのは図1の3〜5段目および図2の3段目の you/your である．ともに聴衆に対するいわば挨拶の機能をもった表現中に出てくることもあるが，1回目の演説ではとくに you が集中して使用されている箇所がある．

(1)　And for those who seek to advance their aims by inducing terror and slaughtering innocents, we say to you now that our spirit is stronger and cannot be broken—you, cannot outlast us, and we will defeat you.

(1)の you は，テロ行為や罪のない人たちへの大量殺戮を誘導し，自らの目的を達しようとする人たちに対して使用されている．つまりアメリカ国民である「我々」の「敵」を，you でさしていることになる．

　次の箇所では，この you の9例が集中する．

(2)　To the Muslim world, we seek a new way forward, based on

mutual interest and mutual respect. To those leaders around
the globe who seek to sow conflict, or blame their society's ills
on the West, know that your people will judge you on what
you can build, not what you destroy. (Applause.) To those who
cling to power through corruption and deceit and the silencing
of dissent, know that you are on the wrong side of history, but
that we will extend a hand if you are willing to unclench your
fist. (Applause.) To the people of poor nations, we pledge to
work alongside you to make your farms flourish and let clean
waters flow; to nourish starved bodies and feed hungry minds.

those leaders（〈紛争の種をまき散らそうとしたり，自らの社会の悪を欧
米諸国のせいにしようとしたりする〉世界の指導者）に向かって，「あな
たの国民が，あなたが何を壊すかではなく何を築くことができるのかに
よって判断するということを知ってください」と呼びかける．those（〈腐
敗と偽り，異議を押さえ込むことによって権力にしがみつく〉人々）に向
かって，「あなたが歴史の間違った側にいることを知ってください，しか
しあなたの握った拳を開こうとするのであれば，我々は手を差しのべると
いうことも知ってください」と訴える．さらに，the people（〈貧しい国
の〉人々）に向かって，「あなたの農場を豊かにし，清らかな水が流れる
よう，あなたとともに働くことを誓う」と述べる．

　この段落は To the Muslim world, To those leaders, To those, To
those people of poor nations と，同じパターンを文頭に置いて，イスラ
ム世界やアメリカに敵対する国の独裁者に対して you/your ... で呼びかけ
て，自らの立場を認識するなら手を差しのべる用意があることを述べる．
あるいは「我々」を好ましく思っていない人々に対して you/your ... で呼
びかけて，援助を約束する．

　we/our/us は 2 回の演説ともに，最初から最後まで全体にわたって高頻

度で使用されている．we/our/us の特徴的な箇所を 1 回目の演説から引用
する．

> (3)　At these moments, America has carried on not simply because
> of the skill or vision of those in high office, but because we,
> the people, have remained faithful to the ideals of our forebears
> and true to our founding documents.

演説の冒頭の 3 箇所で使われる I の含まれる文に続いて，we が出現する．
この we, the people（われら合衆国の国民）で，大統領は聴衆をすべて巻
き込むというスタンスをとる．しかもこの we は続く the people ととも
に，アメリカ合衆国憲法の前文冒頭部からの引用であり，演説者が聴衆と
の精神的な一体感を生み出すのにきわめて効果的な表現となっている．

　この段落から始まる「包括的な *we*」（inclusive *we*）は，聞き手を巻き
込み，共感，仲間意識を盛りあげる効果的なことばとして働く．加えてこ
の語の使い方には特徴がみられる．

> (4)　For us, they packed up their few worldly possessions and trav-
> eled across oceans in search of a new life. For us, they toiled
> in sweatshops, and settled the West, endured the lash of the
> whip, and plowed the hard earth. For us, they fought and died
> in places like Concord and Gettysburg, Normandy and Khe
> Sahn. Time and again these men and women struggled and
> sacrificed and worked till their hands were raw so that we
> might live a better life.

For us（我々のために）を各文頭で 3 回繰り返し，アメリカの礎を作りあ
げた先人たちの苦難の道のりを具体的に列挙して，そのおかげで今日の
we がよりよい生活を送ることができるのである，とアメリカの歴史その
ものが他者への奉仕によって成り立っていることを強調する．この段落に

134

は us が繰り返されているだけでなく，and の多用もみられる．and が
キーワード・リストの7位であることも納得できる．

　演説は，包括的な we/our/us を巧みに使用し，しかも単発的に使用す
るのではなく，we ならば we，us ならば us を集中して繰り返し，つね
に相手を巻き込み心理的結束を盛りあげて共感を高めていく方法がとられ
ている．さらに and の多用による並列といった技法を駆使し，多様性に
富む言い換えをして，格調高い演説をつくり出している．

　一方2回目の就任演説は，冒頭から we で始まる．大統領就任演説は儀
式性の高いものであるから，聴衆の巻き込みは少ないともいわれるが，1
回目の演説と異なって，we/our/us と共起する名詞に特徴がみられる．2
回目の演説の we/our/us と共起する語を抽出すると，検索語の前後にく
る語のなかで名詞として初めて出てくるのが journey と people である．
（資料1参照）　そこで journey と people をそれぞれ検索して，we/our/
us と共起しているコンコーダンスを出すと図3と図4となる．

図3　② における検索語 journey と共起する our のコンコーダンス

図4　② における検索語 people と共起する we のコンコーダンス

　演説1回目の冒頭で導入された we, the people あるいはアメリカの歴
史を journey に喩えて使用された語そのものが，2回目で繰り返し出てき
ている．持続性という観点からみれば，聴衆に与えるインパクトはかなり

強いものとなる．しかもこの we, the people は複数の段落にわたって，各段落の冒頭で繰り返され強調されて，さらに動詞が understand から3回の still believe，さらに最終的には対外性を意識した declare へと移っていく．(For we, the people, understand ... We, the people, still believe ... We, the people, still believe ... We, the people, still believe ... We, the people, declare today ...)

　ここから，「先駆者たちが始めたことを引き継ぐのは，我々の世代の仕事である」に次いで，「我々の旅は ... まで終わらない (our journey is not complete until ...)」のパターンを1つの段落で5回繰り返し，真の平等を実現するために終わらぬ旅を続けると結ぶ．

4.1.3.　人称代名詞の有標的使用

　オバマの就任演説では，人称代名詞の切りかえや，別のキーワードとの共起や，ときには反復的な使用などが文体的特徴となっている．2回ともに we/our/us は最初から最後まで全体にわたって使用され，しかも包括的な we で仲間意識を盛り上げている．そのうえこれらは単発的ではなく，同じ語が集中して繰り返されることにより，つねに相手を巻き込みながら心理的結束をより強く，共感意識をより高める効果をもたらしている．とくに1回目は，別のキーワードである and による並列といった手法も駆使され多様性に富む表現が続いて，格調の高い演説になっている．一方2回目は we/our/us と共起する名詞に特徴がみられ，1回目の冒頭で導入された we, the people あるいはアメリカの歴史を喩えて使用された journey が繰り返し使用されている．前者は複数の段落にわたって各冒頭で使用され，さらに後続の動詞が「理解する」から「信じる」さらに「宣言する」へと，内から外に向かっていく．順次増幅しながら，語・句・文を繰り返すことで聴衆に与えるインパクトはより強くなっている．journey の含まれる節も繰り返され，聴衆への刷り込みが効果的な段落構成となっている．

　I/my は，1回目は最初と途中1回だけに限られ，2回目は演説の最後

に偏っているが，これらは演説におけるいわば挨拶の一部としての談話的な機能を果たす部分でもある．

とくにプロットに差がみられるのは you/your の場合で，1 回目ではプロット上の 1 箇所に集中していることが表示され，アメリカにとって好ましくない相手に you/your で語りかけて，自らの立場を認識するのであれば，アメリカは手を差し出す用意があると呼びかけている．2 回目ではこの you/your の用法が一切見当たらないのは，その時期の国際的な政治背景を象徴しているようで示唆的である．

資料

1. オバマ 2 における検索語 we/our/us の *collocates*

N	Word	With	Relation	Texts	Total	Total Left	Total Right	L5	L4	L3	L2	L1	Centre	R1	R2	R3	R4	R5
1	OUR	our	0.000	1	98	11	11	0	7	3	1	0	76	0	1	3	7	0
2	WE	we	0.000	1	66	0	0	0	0	0	0	0	66	0	0	0	0	0
3	AND	our	0.000	1	35	17	18	2	4	3	6	2	0	7	4	3	4	
4	THAT	we	0.000	1	27	3	24	1	0	1	0	1	0	1	9	0	7	1
5	TO	our	0.000	1	26	20	6	6	2	3	3	6	0	0	2	3	1	0
6	US	us	0.000	1	25	2	2	0	1	1	0	0	21	0	0	1	1	0
7	THE	we	0.000	1	25	8	17	1	1	0	6	0	0	5	3	4	5	0
8	THE	our	0.000	1	24	16	8	1	4	10	1	0	0	0	0	6	1	1
9	OF	our	0.000	1	23	16	7	2	2	0	0	12	0	0	2	0	2	3
10	IS	our	0.000	1	15	9	6	3	2	0	1	3	0	0	5	1	0	0
11	TO	we	0.000	1	15	1	14	0	1	0	0	0	0	0	4	6	2	2
12	NOT	our	0.000	1	14	6	8	1	2	2	1	0	0	1	5	1	1	
13	MUST	we	0.000	1	13	1	12	0	0	0	1	0	0	10	0	0	0	2
14	OUR	we	0.000	1	12	0	12	0	0	0	0	0	0	0	1	3	3	5
15	THAT	our	0.000	1	12	11	1	0	0	1	5	5	0	0	0	0	0	1
16	AND	we	0.000	1	12	9	3	2	0	1	0	6	0	0	0	0	1	2
17	WE	our	0.000	1	12	12	0	5	3	3	1	0	0	0	0	0	0	0
18	OF	us	0.000	1	10	5	5	1	1	0	0	3	0	0	1	1	1	2
19	COMPLETE	our	0.000	1	9	4	5	0	1	1	2	0	0	0	0	0	5	0
20	A	we	0.000	1	9	2	7	0	1	0	1	0	0	0	2	4	1	0
21	ARE	we	0.000	1	9	3	6	1	1	1	0	0	0	5	0	0	0	1
22	UNTIL	our	0.000	1	9	4	5	0	0	1	1	2	0	0	0	0	0	5
23	WILL	we	0.000	1	8	0	8	0	0	0	0	0	0	8	0	0	0	0
24	TO	us	0.000	1	8	2	6	0	0	0	0	2	0	5	0	0	0	1
25	OF	we	0.000	1	8	4	4	1	1	1	1	0	0	0	0	0	3	1
26	IN	our	0.000	1	7	6	1	0	0	1	0	5	0	0	0	0	0	1
27	FOR	we	0.000	1	7	5	2	0	1	0	1	3	0	0	0	1	1	0
28	JOURNEY	our	0.000	1	7	2	5	2	0	0	0	0	0	5	0	0	0	0
29	BUT	we	0.000	1	6	4	2	0	1	0	0	3	0	0	2	0	0	0
30	IT	we	0.000	1	6	3	3	0	2	0	1	0	0	0	1	2	0	0
31	PEOPLE	we	0.000	1	6	0	6	0	0	0	0	0	0	0	5	0	1	0

4.2.　聴衆の巻き込み方

オバマ大統領の2期目の就任演説（2013年）に先だって行われた民主党大会の大統領指名受諾演説を，対立候補である共和党のロムニー（Romney）の指名受諾演説と比較し，量的分析による実証的な裏づけを行い，人称代名詞に絞って，聴衆の巻き込み方の差異をみる．これらの聴衆の反応を強く意識した意図性の高い演説にみられる情報デザインの一端をとらえたい．

4.2.1.　キーワード

オバマの2012年民主党の指名受諾演説とロムニー対立候補者の共和党の指名受諾演説を公式サイトよりとってコーパスを作成し，各コーパスの統計情報の一部をまとめると表4になる．

コーパス⑤：　オバマ（2012/9/7　オバマ民主党大会指名受諾演説）
　　　　　　　（cobamadnc.txt）
コーパス⑥：　ロムニー（2012/8/31　ロムニー共和党大会指名受諾演説）（cromneyrnc.txt）

表4　各コーパスの統計情報

	⑤オバマ	⑥ロムニー
ファイル・サイズ	26,825	22,645
トークン	4,616	4,098
タイプ	1,236	1,079
タイプ／トークン値	26.92	26.42

表4の⑤と⑥の数値はほぼ同じであり，「読みやすさ」の1つの指標であるタイプ／トークン値も似かよっている．これらの数値は4.1.でみ

138

た大統領就任演説に比べるとかなり低く，同じ語が繰り返し使われていることから，聞き手にはより理解しやすい内容であると判断される．

　各コーパスのキーワード・リストの上位10までは表5となる．

表5　各コーパスのキーワード・リスト

	⑤オバマ		⑥ロムニー	
	キーワード	頻度	キーワード	頻度
1	APPLAUSE	87	AMERICA	53
2	OUR	58	OBAMA	13
3	WE	80	PRESIDENT	33
4	AMERICA	17	AMERICANS	21
5	JOBS	16	OUR	48
6	THAT	111	MOM	12
7	FUTURE	16	WE	60
8	PATH	10	JOBS	15
9	YOU	72	EVERY	19
10	CHOOSE	10	AMERICAN	14

　表5のコーパス⑤のキーワード・リストでは，聴衆の反応を示すAPPLAUSEを除くと人称代名詞のOUR，WEがトップを占めており，これは2回の大統領就任演説と同様となる．この表には含まれないがUSは24位を占めているので，この一連の人称代名詞がオバマ演説では意識的に使用されていることがここでも確認される．一方⑥では，OUR，WE，USはその順位を落として出現し，代わってMYが14位に登場，MOMが6位，DADが12位であるので，私的なことへの言及が意識的に行われているととらえられる．

　⑤で，YOUは9位であるが，この語は⑥では見当たらない．⑥のトップを占めるのはAMERICAで，これと同種の語としてAMERICANSが4位，AMERICANが10位，AMERICA'Sが24位に出てく

る．これらの語をあわせると ⑥ の特徴が浮かび上がってくる．⑤ ⑥ ともに普通名詞として JOBS（⑤ 5 位，⑥ 8 位），JOB（⑥ 20 位），FUTURE（⑤ 7 位，⑥ 16 位）が抽出され，この選挙における焦点が雇用問題の「仕事」であり，同時に自分たちあるいはアメリカという国の「未来」であることがわかる．⑤ には，⑥ にみられない動詞である CHOOSE が 10 位に出現しているので，その名詞形 CHOICE（20 位）と併せると無視できない語となる．

4.2.2.　人称代名詞

　人称代名詞の頻度数を比較すると表 6 になる．コーパスの大きさが異なるので単純に頻度数だけで比較はできないが，ともに we/our/us の頻度が他の人称代名詞と比べて高い．また 4.1. でみた 2 回の大統領就任演説に比べて ⑤ ⑥ の I/my/me あるいは you/your の頻度は高く，しかも ⑤ の you/your は ⑥ の倍近くになっている．

表 6　各コーパスの人称代名詞の頻度数

	WE	OUR	US	I	MY	ME	YOU	YOUR
⑤オバマ	80	58	19	71	18	18	79	8
⑥ロムニー	48	60	17	62	31	5	48	10

4.2.3.　オバマの受諾演説

　オバマの受諾演説と 2 回の大統領就任演説はもともと性質を異にするものの，そのキーワードは似かよっており，オバマ演説そのものが一人称複数の人称代名詞の使用が有標であることが読み取れる．ところが大統領就任演説でキーワードに抽出されなかった YOU が ⑤ では他コーパスと比べても高頻度であるうえに 9 位に表出されている．また I/my/me も高頻度であるので，これらの代名詞の用法を調べることで ⑤ の特徴が浮かび上がってくると考えられる．この ⑤ の代名詞のプロットを出すと図 5

140

となる.

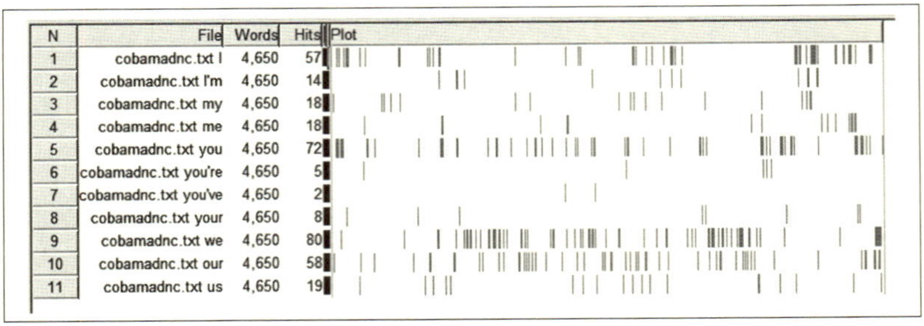

図5　⑤オバマの検索語 I/my/me/you/your/we/our/us のプロット

図5の we/our/us, you/your, I/my/me のプロットは相補的であることか
ら，代名詞はその出現位置に偏りをもって使用されていることがわかる.
たとえば you/your, I/my/me はとくに演説の冒頭と終わりに高頻度で集
中し，それ以外の箇所には we/our/us が頻度高く使われている.

　就任演説は，アメリカを代表する大統領が，目の前の聴衆を含めたアメ
リカ国民全体，さらには全世界に向けてメッセージを発信するものであ
り，演説では I は消え，「包括的な we」一色で占められることになる. オ
バマの指名受諾演説は同じ代名詞でも，その使用法はもう少し複雑にな
る. まずは指名された自分と現大統領である自分を指す I, 自分と今ここ
に集まっている演説相手 you を含む we, 次に演説相手も含めて対共和党
を意識した我々民主党としての we, 民主党や共和党に関係なくさらに大
きな指示対象となるアメリカ国民としての we, というように we のさし
示す対象がだんだんと拡大していくという変化がみられる.

　つねに聴衆を意識しながら，2期目の大統領候補としての I がこれから
目の前の聴衆 you を含めてどのように未来を構築していくのか，それは
共和党の「候補者（opponent）」あるいは「友人（friends）」たちの考え方，
取り組み方などとどのように異なるのか，さらに我々の描く未来は即アメ
リカの未来であり，行くべき姿でもあると主張していく. I から始めて聴

衆を巻き込んで we となり，さらにこの語がアメリカ国民あるいはアメリカ国家へとその指示対象を拡大していくという巧妙な操作がみられる．

(5)　　Now, I've cut taxes for those who need it—middle-class families, small businesses.　But I don't believe that another round of tax breaks for millionaires will bring good jobs to our shores or pay down our deficit.　I don't believe that firing teachers or kicking students off financial aid will grow the economy, or help us compete with the scientists and engineers coming out of China.　　　　　　　　　　　　(Applause.)

　　　After all we've been through, I don't believe that rolling back regulations on Wall Street will help the small business-woman expand or the laid-off construction worker keep his home.

　　　We have been there.　We've tried that and we're not going back.　We are moving forward, America.　(Applause.)

(5) は I から we へ切りかえ，さらに党派を越えて America へと繋げていく箇所である．

(6)　　And after a decade of decline, this country created over half a million manufacturing jobs in the last two and a half years.

　　　And now you have a choice: We can give more tax breaks to corporations that ship jobs overseas, or we can start rewarding companies that open new plants and train new workers and create new jobs here, in the United States of America. (Applause.) We can help big factories and small businesses double their exports, and if we choose this path, we can create a million new manufacturing jobs in the next four years.　You can make that happen. <u>You can choose that future.</u>

「雇用創出」に関係して（6）ではまずは相手への選択肢を示すことによって，それを我々民主党で実現させようというパターンで演説を進める．このときの聴衆に向けての選択肢の提示が，（6）に後続する段落で繰り返し行われる．表現のバリエーションとしては YOU と CHOOSE（CHOICE）が共起する形で，You have a choice（3 回）/ You can choose（6 回）/ If you choose（1 回）がみられる．この CHOOSE はキーワードとしてコーパス ⑤ には抽出されるが，⑥ には抽出されない語である．CHOOSE（10 位）はその名詞形 CHOICE（20 位）と併せるとコーパス全体で頻度数が 19 になるが，この箇所だけで 10 回となり，さらにこれがすべて YOU と共起しているという特徴が浮かび上がってくる．

(7)　So now <u>we have a choice.</u> <u>My opponent and his running mate</u> are new to foreign policy— (laughter and applause) — but from all that we've seen and heard, they want to take us back to an era of blustering and blundering that cost America so dearly.

「対外政策」に関しても you can choose の反復のパターンを踏襲するものの，（7）にみられるように最後は共和党の対立候補を意識して，代名詞が you から we に変わり，we have a choice となる．

(8)　<u>You</u> know what, that's not who <u>we</u> are. That's not what <u>this country's</u> about. As <u>Americans</u>, <u>we believe</u> <u>we</u> are endowed by <u>our</u> Creator with certain, inalienable rights—rights that no man or government can take away. <u>We</u> insist on personal responsibility and <u>we</u> celebrate individual initiative. <u>We're</u> not entitled to success —<u>we</u> have to earn it. <u>We</u> honor the strivers, the dreamers, the risk-takers, the entrepreneurs who have always been the driving force behind <u>our</u> free enterprise system, the greatest engine of growth and prosperity that the world's ever known.

（8）ではアメリカという国は相手側の党派が言っているようなことをする国ではない．アメリカという国はこのような国であると主張していく過程で，we に続く動詞を変えながら繰り返される．

　図5でとくに後半の2箇所に you が偏って使用されており，その間にI が多用されている箇所があるのは注目に価する．最初の you の偏在する箇所は，聴衆に向かって4年前の選挙は私のためではなく，あなたたちのためのものであり，あなたたちこそが change であったと明言し，聴衆からの喝采を得る．続いて You're the reason の繰り返しで，日常生活における具体例をあげながらあなたたちのおかげでいろいろなことが実現できたと，相手をもち上げて Only you have the power to move us forward. と段落を締めくくる．

　後続段落ではI を集中させて，大統領としてここにいる皆さんと一緒に達成してきた数々のこと，自分は皆さんがいるから希望がもてることなどを述べ，その希望を共有してくれるなら，私はここにいる皆さんに票を入れてくれるようお願いする，と結ぶ．さらにこの投票の呼びかけでは，再び you を集中させ，If you share, If you reject, If you believe などの同じ形式を繰り返しながら，自分に投票してくれるように依頼する箇所へと収束させていく．

4.2.4.　ロムニーの受諾演説

　一方同じ頃に開催された共和党大会におけるロムニーの指名受諾演説は，そのキーワードのトップを占めるのが AMERICA で，これと同種の語として AMERICANS（4位），AMERICAN（10位），AMERICA'S（24位）が続く．2位，3位を占めるのは，OBAMA, PRESIDENT で，

ロムニー演説が競争相手をかなり意識して行われたものであることがわかる．OUR は 5 位，WE は 7 位となり，US は 31 位へと後退しその順位をかなり落として出現しているが，代わって MY が 14 位に浮上している．また MOM が 6 位，DAD が 12 位に出てくるので，MY と併せると，家族への言及が意識的に行われていることがわかる．キーワード中の人称代名詞のみの順位を比較すると，オバマの YOU とロムニーの MY の差が目立つ．

ロムニーは新たに選出された代表指名者として個人の情報は提供するが，目の前の聴衆の巻き込みは少なく，客観的にアメリカはこうあるべきという立場で演説している．冒頭では I から our へ移行するものの，一人称複数代名詞の共起表現には特徴がみられ，キーワードとしても抽出される Americans/American/America との共起が目立つ．ロムニーの we はアメリカと一体化したもので，段階を踏んで指示対象を拡大させていくオバマの we とは大きく異なる．

ロムニー演説によれば，アメリカ国民は善良で寛大で，分け隔てるものを越えて一体感をもった国民であるが，4 年前の選挙後も楽観的で，前向きで，未来に自信をもっていた．ところが現実はそのようにうまくいっていない．アメリカが望んだものは，アメリカ人が得て当然のものであるとみなし，ここで初めて聴衆 you に向かって，自分の演説への巻き込みを開始して，現実はオバマが約束したアメリカになっていないことを指摘する．

you の頻出は 2 箇所になるが，最初に頻出する箇所で 21 例が出現する．ところが，この箇所から聴衆 you を巻き込んで we という方向には行かずに，それを飛び越えてあくまでアメリカを前面に押し出す．そしてアメリカ人としての we に言及し，アメリカは何かを成し遂げ，アメリカは運命を切り開くことができるとする．アメリカの理想像をもち出し，それに向けての選択，そして決断を求めるが，その前に自分を知ってもらわなければと，生い立ち，職業，功績などの自分史を語る．この箇所は当然のこ

とながら I で語られるが，これらの段落で出てくる we は「排他的な *we*」
（exclusive *we*）つまり聴衆とは関係のない自分を含めた家族や同僚など
をさしている．演説の後半は，現政権の政策非難から，自分の今後のやり
方へ話を展開するものの，聴衆を巻き込んで鼓舞し，〈我々でこのように
していこう〉とか〈このようなアメリカをつくろう〉という方向づけはみ
られない．このような演説では，聴衆は自分たちが一緒にアメリカを造っ
ていくという高揚感ももてず，どこか冷めた気持を抱きかねない．

　we は，聴衆一人一人を巻き込むことなく，さらに共和党員としての聴
衆の頭上を超え，漠然とした大きなまとまりであるアメリカへと，一足飛
びに飛んでいってしまう．聴衆たちは確かにアメリカ人の 1 人であるが，
アメリカでの立ち位置もはっきりしないままであり，感情的な高まりも沸
いてこない．これと符合するように，演説の最後は I から始まり，Amer-
ica, the United States of America, united America, Americans などの語
で収束している．

4.2.5.　代名詞の切りかえと指示対象の拡大

　演説は多くの場合，情報デザインが強く意識されたものであり，しかも
聞き手を特定の方向に誘導することをねらっているので，巧妙な情報操作
が行われていると考えられる．民主党大会におけるオバマ指名受諾演説で
は，人称代名詞の有標的な使用が認められ，しかもこれらの語の指示対象
が段階的に拡大していく．この技巧は，聴衆一人一人がアメリカを代表す
る一員であるという意識づけを行い，感情的な高まりを産む効果をもたら
す．また，you can choose のように一部の人称代名詞が他のキーワード
と共起して各段落で繰り返され，聴衆に自分の選択が今，アメリカという
国にとって最重要であることが刷り込まれていく．

　一方ロムニー演説では，演説者は個人的な情報は提供するものの，目の
前の聴衆の巻き込みは少なく，アメリカはこうあるべきであるという方向
で演説し，客観的にアメリカは何かを成し遂げ，運命を切り拓くことがで

きるとする．これでは，聴衆はアメリカ国民としての当事者意識が希薄になってしまう．

　ちなみに we に関連して，2016 年 2 月 20 日アメリカ大統領予備選挙でヒラリー・クリントンがネバダ州で行った勝利演説では，それまでの I ではなく we が多用されたと報道されている（朝日新聞 3 月 18 日）．困難を抱える有権者を紹介しながら，一緒に乗り越えようと訴えたのである．演説では人称代名詞の使い方ひとつで聴衆の巻き込み方が違ってくることを意識した例といえよう．

4.3.　隠された人称

　公的なメッセージはことばの使い方次第で重大問題を起こしかねないので，とくに誰の行為であるのか，誰の感情を述べているのか，誰が考えたことなのかなどにおける「誰」の部分が大切なキーポイントになることがある．日本語は英語と違いこれらを必ずしも明示する必要がないので，同じ内容が日英語双方で書かれている場合，この点を比較することでみえてくるものがある．ここでは安倍首相のいわゆる戦後 70 年談話（平成 27 年 8 月 14 日）とその英語版をとりあげる．

4.3.1.　戦後 70 年談話

　総理大臣が発表する談話には，閣議決定される「総理大臣談話」と，閣議決定の手続きを取らない「総理大臣の談話」の 2 種類があり，前者は日本政府の公式見解ということになる．この 70 年談話にあたり，安倍首相は「『今まで使ったことばを使わなかった』，あるいは，『新しいことばが入った』という細々とした議論にならないよう，70 年の談話は 70 年の談話として新たに出したい」と述べ，歴代政権の談話を引き継ぐ一方，一つ

一つのことばにはこだわらず未来志向の談話を発表したい，という考えを
1 月 25 日の NHK の放送で表明していた．この談話のタイトルは「内閣
総理大臣談話」と，公人としての肩書が付いているが，その英訳では
'Statement by Prime Minister Shinzo Abe' と個人名が付記されている．

4.3.2.　コンピュータ処理

　談話は公式ホームページよりダウンロードして比較する．[4] 英語文を
ワードリスト・ツールで処理すると，使用されている語の上位頻度数は表
7 となる．内容語の最上位が Japan で，次に代名詞の we が抽出されてい
る．次にキーワード・ツールでキーワードを抽出すると，その上位 7 位
は表 8 となる．

表 7　ワードリストの上位 7 位

	語	頻度数
1	THE	153
2	OF	69
3	AND	63
4	TO	53
5	IN	37
6	JAPAN	28
7	WE	28

表 8　キーワードの上位 7 位

	キーワード	頻度数
1	JAPAN	28
2	WAR	26
3	ENGRAVE	5
4	HEARTS	7
5	ASIA	7
6	WE	28
7	PEACE	8

　70 年談話であるので，キーワードとして上位に位置する語はある程度
推測がつくが，2 つの表の上位 7 位に両方とも含まれる語が，JAPAN と
WE になっているのは示唆的である．「日本」が Japan に，「私たち」が
we に置き換えられていると思われるが，詳しくみると，「私たち」の出て
くる頻度は 14 回であるが，英語の we は 28 回も出現し，英語文におけ

---

[4] http://www.kantei.go.jp/jp/97_abe/discource/20150814danwa.html

148

るweの使用頻度が際立っている．この一因として，日本語文の特徴である主語省略の傾向が考えられる．

　一方，談話では「日本経済，日本人，戦後日本，日本軍」を含めて「日本」が16回使用されているが，英語版では，Japanが28回，Japan'sが3回，Japaneseが5回と，これもまた数のうえで大きな差がみられる．この差は談話では「日本」を表現するのに別の語が使用されているととらえられる．

4.3.3.　weの場合

　談話でまず気づくことは，たとえば「頭を垂れ」「忘れてはなりません」「かみしめる」「胸に刻む」などの行為者が明示されていない点である．受け手は行為者を前後の文脈から推測することになるが，送り手の意図を正確に酌んだ解釈になっているかどうかはわからない．例をとりあげ，日本語に対応する英語の意訳には二重下線，日本語にはないが英語で明示されているものには点線を引いて比べてみよう．

(9)　　我が国は，先の大戦における行いについて，繰り返し，痛切な反省と心からのお詫びの気持ちを表明してきました．その思いを実際の行動で示すため，インドネシア，フィリピンはじめ東南アジアの国々，台湾，韓国，中国など，隣人であるアジアの人々が歩んできた苦難の歴史を胸に刻み，戦後一貫して，その平和と繁栄のために力を尽くしてきました．（第15段落）

Japan has repeatedly expressed the feelings of deep remorse and heartfelt apology for its actions during the war. In order to manifest such feelings through concrete actions, we have engraved in our hearts the histories of suffering of the people in Asia as our neighbours: those in Southeast Asian countries such as Indonesia and the Philippines, and Taiwan, the Repub-

lic of Korea and China, among others; and we have consistent-
ly devoted ourselves to the peace and prosperity of the region
since the end of the war.

　第 15 段落は 2 文からなり，第 1 文の文頭に主語として「我が国」が出
てくる．2 番目の文の「胸に刻み」や「力を尽くしてきました」の主語は
なく，これは第 1 文の「我が国」と同じであると読むのがふつうであろう．
ところが，英語文では最初の文は Japan で，第 2 文の 2 つの動詞の主語
はそれぞれ we で補充され，さらに所有格の our が 2 回，再帰代名詞
ourselves が 1 回出てくる構造になっている．

　この we に関連して最後の段落をみてみよう．談話では主語は不明であ
るが，英語版では we となる．さらにこの we は文脈から安倍談話の受け
手を含んだ包括的な *we* ではなく，明らかに排他的な *we* の用法であり，
主語がかなり限定されていることがわかる．

(10)　　終戦八十年，九十年，さらには百年に向けて，そのような日
　　　　本を，国民の皆様と共に創り上げていく．その決意であります．
　　　　（最後の段落）

　　　　Heading toward the 80th, the 90th and the centennial anni-
　　　　versary of the end of the war, we are determined to create such
　　　　a Japan together with the Japanese people.

次は主語をどのように読み取るべきかの理解が難しい段落である．

(11)　　戦後七十年にあたり，国内外に斃れたすべての人々の命の前
　　　　に，深く頭を垂れ，痛惜の念を表すとともに，永劫の，哀悼の
　　　　誠を捧げます．（第 7 段落）

　　　　On the 70th anniversary of the end of the war, I bow my
　　　　head deeply before the souls of all those who perished both at
　　　　home and abroad. I express my feelings of profound grief and

my eternal, sincere condolences.

第7段落の主語が私なのか，相手も含めた私たちなのか，相手は含めない私たちなのかは明らかではない．ところがそのあいまいさは公式の英訳文では解消され，日本語文の主語が実は「私」であることが顕在化される．つまり「深く頭を垂れ」，「痛惜の念を表す」とともに，「永劫の，哀悼の誠を捧げます」のは安倍首相本人ということになる．

　談話ではもう1箇所このような段落が存在する．

(12)　　何の罪もない人々に，計り知れない損害と苦痛を，我が国が与えた事実．歴史とは実に取り返しのつかない，苛烈なものです．一人ひとりに，それぞれ の人生があり，夢があり，愛する家族があった．この当然の事実をかみしめる時，今なお，言葉を失い，ただただ，断腸の念を禁じ得ません．（第10段落）

Upon the innocent people did our country inflict immeasurable damage and suffering.　History is harsh.　What is done cannot be undone.　Each and every one of them had his or her life, dream, and beloved family.　When I squarely contemplate this obvious fact, even now, I find myself speechless and my heart is rent with the utmost grief.

第10段落の「当然の事実をかみしめる」，「言葉を失い，ただただ，断腸の念を禁じ得ません」の2箇所はともに主語もなく，文脈からの推察に頼ることになるが，英語文ではIが顕在化されており，「Iスタンス」で語られていることが明らかになる．

　談話全体のなかでこの2つの段落のみ，主語が首相個人ということになり，これは有標化された箇所となる．奇しくもこの談話の英語文のタイトルには首相個人名が付記されている．ちなみに日本語，英語ともに，二人称はまったく抽出されない．

4.3.4.　Japan の場合

　英語版のキーワード 1 位の Japan の頻度数と,「日本」の頻度数が合致しないということは, 日本語版では別のことばが使用されていることになる. これをさがすと第 14 段落を境に出てくる「我が国」が Japan で英訳されている. しかもこの「我が国」は, 文脈から考えて「戦後に新生した国である日本」をさすときに使用されているので, 微妙な有意差をもって使い分けられていることになる. 英語では現在の日本も過去の日本も同じ Japan であるが, 談話では意図的に使い分けられていることになる. 一部を引用する.

(13)　　先の大戦への深い悔悟の念と共に, 我が国は, そう誓いました.（第 14 段落）

　　　With deep repentance for the war, Japan made that pledge.

　　　我が国は, 先の大戦における行いについて, 繰り返し, 痛切な反省と心からのお詫びの気持ちを表明してきました.（第 15 段落）

　　　Japan has repeatedly expressed the feelings of deep remorse and heartfelt apology for its actions during the war.

　　　... 我が国は, 和解のために力を尽くしてくださった, すべての国々, すべての方々に, 心からの感謝の気持ちを表したいと思います.（第 22 段落）

　　　... Japan would like to express its heartfelt gratitude to all the nations and all the people who made every effort for reconciliation.

　　　だからこそ, 我が国は, いかなる紛争も, 法の支配を尊重し, 力の行使ではなく, 平和的・外交的に解決すべきである. この原則を, これからも堅く守り ...（第 26 段落）

152

Upon this reflection, Japan will continue to firmly uphold the principle that any disputes must be settled peacefully and diplomatically based on the respect for the rule of law and not through the use of force ...

だからこそ，我が国は，そうした女性たちの心に，常に寄り添う国でありたい．（第 27 段落）
Upon this reflection, Japan wishes to be a country always at the side of such women's injured hearts.

だからこそ，我が国は，いかなる国の恣意にも左右されない，自由で，公正で，開かれた国際経済システムを発展させ，途上国支援を強化し，世界の更なる繁栄を牽引してまいります．（第 28 段落）
Upon this reflection, Japan will continue to develop a free, fair and open international economic system that will not be influenced by the arbitrary intentions of any nation.

だからこそ，我が国は，自由，民主主義，人権といった基本的価値を揺るぎないものとして堅持し，その価値を共有する国々と手を携えて，「積極的平和主義」の旗を高く掲げ，世界の平和と繁栄にこれまで以上に貢献してまいります．（第 29 段落）
Upon this reflection, Japan will firmly uphold basic values such as freedom, democracy, and human rights as unyielding values and, by working hand in hand with countries that share such values, hoist the flag of "Proactive Contribution to Peace," and contribute to the peace and prosperity of the world more than ever before.

　この過去の「日本」とこれから先の「我が国」の使い分けは，過去の「日

本」を客観視し，これからの「我が国」は，国民とともに自分も歩むという心情が投影されたものととらえられる．

4.3.5.　engrave の場合

キーワードの第 3 位に engrave が抽出されるが，この単語はまず第 15 段落で完了形，終わりの 4 段落（26-29）において未来時を表す表現で集中して出てくる．しかもすべて engrave in our hearts の成句表現として，「今後この胸に刻みつける」と we の意思表示として使われている．

(14)　　... 隣人であるアジアの人々が歩んで来た苦難の歴史を胸に刻み ...（第 15 段落）

In order to manifest such feelings through concrete actions, we have engraved in our hearts the histories of suffering of the people in Asia as our neighbours ...

私たちは，自らの行き詰まりを力によって打開しようとした過去を，この胸に刻み続けます．（第 26 段落）

We will engrave in our hearts the past, when Japan attempted to break its deadlock with force.

私たちは，二十世紀において，戦時下，多くの女性たちの尊厳や名誉が深く傷つけられた過去を，この胸に刻み続けます．（第 27 段落）

We will engrave in our hearts the past, when the dignity and honour of many women were severely injured during wars in the 20th century.

私たちは，経済のブロック化が紛争の芽を育てた過去を，この胸に刻み続けます．（第 28 段落）

We will engrave in our hearts the past, when forming economic blocs made the seeds of conflict thrive.

　私たちは，国際秩序への挑戦者となってしまった過去を，<u>こ</u>
<u>の胸に刻み続けます</u>．（第29段落）
　<u>We will engrave in our hearts</u> the past, when Japan ended up
becoming a challenger to the international order.

Japan と engrave の場合の例を併せてみると，30段落からなる談話の終
わりの第26-29段落では，すべて「<u>私たちは</u>（we）… <u>この胸に刻み続け</u>
<u>ます</u>（will engrave in our hearts）．だからこそ，<u>我が国は</u>（Japan）…」の
同じパターンが反復され，受け手に強いインパクトを与えている．

4.3.6. 英語版からみえてくるもの

　談話の英語版のコンピュータ処理により抽出されるキーワードの1つ
が WE であったことから，これに相当する語を日本語版にあたって比較
してみると，とくに主語の代名詞が日本語版では明示されていない箇所が
多いうえに，「私たち」のさすものが受け手などを含む場合とそうでない
場合の区別が難しいことが多い．さらに主語が明示されていない箇所のい
くつかで，英語版から実は「私は」という安倍首相個人の心情表現である
ことが明らかになる．また同じく英語版のキーワードとして出てくる
JAPAN に該当する日本語が，「日本」と「我が国」とに使い分けがなされ
ている．

　ちなみに，英語版のコンピュータ処理から出てくるキーワードとは別種
の，いわゆるキーワードに関して，過去の村山談話で用いられた4つの
キーワード（「侵略」・「おわび」・「植民地支配」・「反省」）が今回どのよう
に盛り込まれたかが，しばしば話題の中心になった．ほとんどのメディア
では，主としてこれらのキーワードは間接的に触れられているとされてい
た．さらに語彙項目として，「深い悔悟の念」，「反省」をとりあげたメディ
アもあった．「深い悔悟の念」は deep repentance，「痛切な反省」は deep

remorse と翻訳されているが，repentance は，自らの悪事，不正行為に対して心から後悔の念を表し，どちらかといえば宗教的なニュアンスをもつ．いずれも「regret（後悔，遺憾）」よりも語感が強く，謝罪の含意がある用語となっている．

　公式英語版と比較することで，いわゆるキーワードではとらえきれない，送り手の綿密なことばの修整の一端をうかがうことができる．

4.4. 訴えるレトリック

　2015 年 12 月 10 日，ノーベル平和賞の授賞式がノルウェーのオスロで開かれ，史上最年少の受賞となったパキスタン人のマララ・ユスフザイ（当時 17 歳）と，インドの人権活動家であるカイラシュ・サティヤルティ（同 60 歳）に，メダルと賞状が送られた．このときに行われたマララの受賞スピーチ[5] をとりあげる．

　彼女のスピーチは，一貫して教育，とくに女子教育の重要性を訴えており，理解しやすい内容となっている．また英語の母語話者でないということもあり，単語も平易で，複雑な構文はほとんどみられない．それがどうして多くの人の心に響くのだろうか．マララのスピーチにみられるいくつかのレトリックについて，どのように彼女のメッセージを効果的に伝達し，また聴衆に訴えかける力を生んでいるのかを考察したい．さらにそれらの技法が使われている部分と語り，すなわちナラティブになっている部分との違いを示したい．

---

[5] https://www.nobelprize.org/nobel_prizes/peace/laureates/2014/yousafzai-facts.html

4.4.1. 反復

反復とは，複数の文章や語句を繰り返して強調する手法である．マララ
のスピーチではこれが多用されており，リズムを整え，内容を理解しやす
いものにしている．

(15) ①Thank you to everyone for your continued support and love.
②Thank you for the letters and cards that I still receive from
all around the world ... ③I would like to thank my parents for
their unconditional love. ④Thank you to my father for not
clipping my wings and for letting me fly. ⑤Thank you to my
mother for inspiring me to be patient and to always speak the
truth ... And also ⑥thank you to all my wonderful teachers,
who inspired me to belive in myself and be brave.

(15) は冒頭で，支援者や両親，教師に対する感謝の気持を表す部分で
ある．③ 以外はすべて Thank you で始まり，感謝の対象やその理由を表
明する．① は一般の支持者，② は世界中から届く便りに対する感謝の念
を表し，③ では少し形式を変えて両親の無条件の愛に対する感謝を述べ
ている．さらにその内容を ④ ⑤ で父親と母親に分けて述べる所でまた ①
と同じ Thank you to A for B が繰り返され，最後に教師に対する感謝も
加えられている．

(16) This award is not just for me. ①It is for those forgotten chil-
dren who want education. ②It is for those frightened children
who want peace. ③It is for those voiceless children who want
change.

(16) は，この賞が自分だけでなく，恵まれない境遇にある子どもすべ
てに対して与えられたものであると主張している．連続する 3 つの文が
It is for those [形容詞相当語句] children who want [名詞相当語句] とい

う形で統一されており，この平和賞は［教育／平和／変化］を切望する［忘れ去られた／恐怖を抱く／声なき］子どもたちのものでもあると訴えかける．

(17) As far as I know, I am just a committed and stubborn person ①who wants to see every child getting quality education, ②who wants equal rights for women and ③who wants peace in every corner of the world.

(17) は自分についての記述で，I am just a committed and stubborn person のあとに who wants ［名詞相当語句］の形が反復されており，［すべての子どもが質の高い教育を受けるのを見ること／男女同権／世界中の平和］を願っている，と述べている．

(18) ①I am not a lone voice, ②I am many.

　　　③I am Malala.

　　　But ④I am also Shazia.

　　　⑤I am Kainat.

　　　⑥I am Kainat Soomro.

　　　⑦I am Mezon.

　　　⑧I am Amina.

　　　⑨I am those 66 million girls who are out of school.

(18) ではこのように声をあげているのは自分だけではない，とほかの子供たちの名前もあげている．I am ... が反復されて，単純な形式で次々と名前をあげていくことにより，自分の背後には数多くの少女がいるという主張に具体性を与えている．

(19) ①We still see conflicts in which innocent people lose their lives and children become orphans. ②We see many people becoming

refugees in Syria, Gaza and Iraq.　In Afghanistan ③we see
families being killed in suicide attacks and bomb blasts.

　(19) では，紛争や貧困や，不当行為に苦しむ多くの人々についての叙
述である．we see のあとに名詞節がくるというパターンになっていて，
［① 罪もない人々が命を落とし，孤児を生み出す争い／② シリア・ガザ・
イラクにおける多くの難民／③ 自爆テロや爆撃で殺される家族］が存在
している，と述べている．

　次は大国が戦争を引き起こしたり，兵器を提供することは非常に簡単な
のに，平和をもたらし，本や学校を提供することがなぜかくも難しいの
か，と訴えている箇所である．

　(20)　①Why is it that countries which we call "strong" are so power-
　　　　ful in creating wars but so weak in bringing peace?　②Why is
　　　　it that giving guns is so easy but giving books is so hard?
　　　　③Why is it that making tanks is so easy, but building schools
　　　　is so difficult?

基本的には Why is it that [A] be so [B] but [C] be so [D]? という形に
なっている．A には戦争に関すること［①（いわゆる強国が）戦争を引き
起こすこと／② 武器を与えること／③ 戦車を作ること］が入り，B は［①
強力である（strong）／②③ 容易（easy）である］，C は平和・学校に関
すること［① 平和をもたらすこと／② 本を与えること／③ 学校をつくる
こと］，D は［① 無力である／② 難しい／③ 困難な］となっている．ま
た A と C，B と D は対立・反義関係になっており，対比が行われてい
ることにも注目したい．

　(21)　①Let this be the last time that a girl or a boy spends their
　　　　childhood in a factory.

　　　　②Let this be the last time that a girl gets forced into early child marriage.

③Let this be the last time that a child loses their life in war.

④Let this be the last time that a classroom remains empty.

⑤Let this be the last time that we see a child out of school.

Let this end with us.

Let's begin this ending ... together ... today ... right here, right now.

Let's begin this ending now.

（21）は終盤で，世界を変えるために行動を呼びかけるところである．Let this be the last time that のあとに，今後無くしたい状況［① 児童労働／② 児童結婚／③ 児童の戦死／④ 無人の学校／⑤ 学校にいけない子ども］を畳みかけて述べ，今すぐにでもその状況を変えるための行動を，と let や let's を繰り返し使いながら呼びかけている．

（22）　I hope the steps that Kailash Satyarti and I have taken so far and will take on this journey will also bring change—lasting change.

（22）では，同じ事柄に対し表現を強めていく手法（漸層法）を使い，change を強めて lasting change と言い換えている．

4.4.2.　対比

同じ形式の表現を使って対比することで，聞き手に論点を明確にして印象づけることができる．マララのスピーチではとくに［A ではなく，B である］（not A,（but）B）という形が多用されており，A と B を対比することにより，B を際立たせるという効果をもたらしている．

（23）　... it is not [A]time to pity them. It is [B]time to take action so it becomes the last time that we see a child deprived of education.

(23) は (It is) not [A], (but) [B]. の形で A と B が対比されており，A は ［教育を奪われている子どもに同情するとき］，B は ［そういう子どもがいなくなるように行動するとき］で，「今は A ではなく B である」と呼びかけている.

(24) I tell my story, not because it is [A]unique, but because it is [B]not.

(24) は，自分がタリバンに襲撃された出来事について述べているところである. この文は, not because it is [A], but because it is [B] の形式をとっていて，A/B は ［unique/not (unique)] と逆の関係になっている. 自分がここでその話をするのは，それが A ［珍しい］ではなく，逆に B ［ありふれている］であるからだと述べ，そのような悲惨な事件が日常的に起こっているという状況を強く訴えている.

(25) I am not [A]a lone voice, I am [B]many.

(25) では，声をあげている自分は，多くの人々の代弁者であると述べている. ここでも I am not [A], (but) [B] の構造になっており，自分の声は A ［1 人だけ］ではなく，B ［多くの人々］であるということが強調されている.

(26) That's [B]where I will begin, but it is not [A]where I will stop.

(26) は，授与された賞金を故郷の村の学校建設に使いたいと述べたあとで，自分の活動が A ［そこで終わる］ではなく，B ［新たな始まりになる］であると述べている.

(27) Neither am I here to speak [A]in terms of personal revenge against the Taliban or any other terrorist group. I am here to

speak [B]for the right of education for every child.

（27）では自分がここで演説しているのは，A［タリバンや他のテロリストたちへの個人的復讐のため］ではなく，B［すべての子どもの教育の権利のため］である，と述べている．

(28)　Now is the time to take a leap.　It is not [A]time to tell the world leaders to realise how important education is—they already know it—their own children are in good schools.　Now it is [B]time to call them to take action.

（28）では the time to ... の反復のあとに対比もみられる．すなわち，今は A［指導者たちに教育の大切さを説く］のときではなく，B［彼らに行動するよう促す］のときであると訴えている．

4.4.3.　語り

上でみたように，マララのスピーチはレトリックによる形式美に満ちており，その効果的使用がメッセージの印象をさらに強めている．しかし一方で，このようなほとんど技法がみられない部分もある．今度はそうした部分に焦点を当ててみたい．

(29)　But things did not remain the same.　When I was in Swat, which was a place of tourism and beauty, suddenly changed into a place of terrorism.　I was just ten that more than 400 schools were destroyed.　Women were flogged.　People were killed.　And our beautiful dreams turned into nightmares.

技法が使われている箇所の多くは，そのときの状況や自分の信念についての叙述，あるいは聴衆に対する呼びかけで，時制は現在形がほとんどである．一方（29）では，マララの生まれ故郷であるスワットで多くの学校

162

が破壊され，少女たちは学校に行けなくなり，女性たちは鞭打たれ，罪も
ない人々が殺された，という一連の出来事が過去時制で述べられており，
語りの形式がとられている．注目すべきは，tourism と terrorizm が韻を
踏んでいる以外，ここには上でみたような目立ったレトリックがみられな
いという点である．

(30)　One of my very good school friends, the same age as me, had
always been a bold and confident girl, dreamed of becoming a
doctor.　But her dream remained a dream.　At age of 12, she
was forced to get married.　And then soon had a son, she had a
child when she herself was still a child — only 14.　I know that
my friend would have been a very good doctor.　But she
couldn't ... because she was a girl.

(30) では医者になる夢を抱いていた友達が，12 歳の若さで結婚を強い
られ，14 歳で母親になり，その夢が絶たれたということが述べられてい
る．ここでも出来事の連鎖が語りの形式をとって語られている．

(31)　I have brought with me some of my sisters ... My brave sisters
Shazia and Kainat who were also shot that day in Swat on our
school bus.　But they have not stopped learning.　And my
brave sister Kainat Soomro who went through severe abuse and
extreme violence, even her brother was killed, but she did not
succumb.

(31) は，マララが授賞式に同伴した少女達の受けた過酷な仕打や苦難
のことが過去形で述べられており，やはり語りの形式になっている．
　マララのスピーチにはレトリックが数多く織り込まれているにもかかわ
らず，語りの形式になっている言説中には，それが使われていないことが
わかる．ここで，マララが 2013 年の 7 月 12 日に国連総会で行ったス

ピーチ[6] の一節を示してみよう.

(32) Dear Friends, on the 9th of October 2012, the Taliban shot me on the left side of my forehead. They shot my friends too. They thought that the bullets would silence us. But they failed. And then, out of that silence came, thousands of voices. The terrorists thought that they would change our aims and stop our ambitions but nothing changed in my life except this: Weakness, fear and hopelessness <u>died</u>. Strength, power and courage <u>was born</u>. I am <u>the same</u> Malala. My ambitions <u>are the same</u>. My hopes <u>are the same</u>. My dreams <u>are the same</u>.

タリバンに襲撃された事件について言及されており,事件に関する叙述には過去時制が使われて,語りの形式になっていることがわかる.そこには修辞的な技巧はほとんどみられないが,その事件がもたらした結果について,「弱さ,恐怖そして絶望が死んだ.強さ,力そして勇気が生まれた」という対比表現になっている.一方,最後の4つの文は現在時制が使われており,the same の部分が反復になっている.ここにもレトリックの使用と時制,さらには語りとの関係が端的に示されていると思われる.すなわち,劇的な出来事の語りと形式上の修整は両立しにくく,相容れないものであるといえるであろう.

4.4.4. マララの技法

マララのスピーチは,明確で力強いメッセージとともに,レトリックを駆使して修整された形式美とでもいうべき構造性が特徴となっている.とくに多くみられるのが同じ語句を繰り返す反復で,重要なポイントを強調して印象を強める効果をもつ.次に多いのが対比で,not A but B という

---

[6] www.un.org/News/dh/infocus/malala_speech.pdf

パターンを下敷きにして「A ではなく，B なのだ」という主張を際立たせている．このような形式の対比法では，一般的に A の方に多くの人が傾きがちなので，その流れの転換を強く訴えている．

　(15) のような感謝の表明，(20) のような疑問文，(21) のような命令文による呼びかけなど，陳述形式を取らないものも多いが，(16) から (19) のように陳述文になっている場合は，現在時制が使われている．これは，今ここにいる私があなたに訴えるという構図の表れである．

　これに対し，こうした技法がみられない部分に注目すると，そこに語りの構造がみられることがわかる．すなわち，過去に起こった出来事が過去時制で再現，あるいは報告されており，ここでレトリックを使うと，逆にそこに述べられた出来事のもつドラマ性が失われてしまうためである．修整を施さないことによって，むしろ出来事の重さそのものが効果的に迫ってくるのである．ここに形式美対ドラマ性という対立がみてとれる．

　このようにマララのスピーチにはレトリックだけでなく，要所要所にドラマチックな内容をもつ語りを配することにより，単調に陥ることなく，テクスト全体の流れに変化を与えている．力強い呼びかけや，揺るぎない信念の表明のなかにあって，語りは異質の光を放つ．彼女のスピーチが人の心に強く響くのは，その内容もさることながら，話しのなかに語りを交えるといったマクロ的なデザインによるものでもあるといえよう．

第 5 章

情報をデザインする
──メディアの場合──

5.1.　ラベリング──ことばの罠

　本章では材料をメディアに求め，とくにこの分野で情報を評価・識別するときに，私たちに何が求められているのかを，情報デザインという観点から考えてみよう．

　まずラベリングに注目する．これは，「言語化」，「言語命名」，「事物を同定，記述するためにラベル（名称）をつける行為」などと定義される．「もの」や「こと」といった指示対象にどのようなことばを当てるのかという問題は，ことばが使われるあらゆる場に関係するが，選択されたことばはつねに過不足なく対象を命名しているわけではないので，場合によっては欺瞞となることもある．

　ことばは，命名者の含意や受け手の連想などで意義範囲が広くなったり狭くなったり，ときには意味変化を起こしたりする可能性もある．とりわけメディア上では受け手が広範囲に及ぶことから，ことばの指示対象が大きくずれていく傾向にあるといえる．ここでは主として日本のメディア上でみられるラベリングの例をとりあげて，ことばに潜む危険性に目を向

け，どのような点に注意を払うべきであるかを考えたい．

5.1.1. ラベリングの妙

　2017 年 6 月に将棋の最年少棋士が公式戦 29 連勝の新記録をつくったときに，どのような一言でこの棋士の棋風が表せるか，そのいくつかが讀賣新聞（6 月 27 日）で紹介されていた．過去にもこのようなことはよくあり，たとえば「高速の寄せ」や「羽生マジック」などがある．この最年少棋士には，「精密流」「新世紀流」「最終棋士 登場か？」「宇宙望遠鏡」「AI 系モンスター」などのことばが与えられている．それぞれのラベリングには説明が付け加えられており，かけ離れていると思われることばにも言い得て妙が感じられる．相手が予想していない手によく戸惑っている，高解像度で深く遠くまで見通している，強固で簡単に負けない，というところから「宇宙望遠鏡」が，将棋 AI ソフトを駆使して精度を高め，今後もどのように化けていくかが期待されるところから「AI 系モンスター」が付けられたと説明される．

　命名者がものやことの何に注目し，何を強調し，それを何に喩えて言語化するかによって，結果として出てくることばの効果もさまざまである．さらに，この 2 つのメタファがこの記事の見出しになっているのはそれを如実に物語っている．ここではどのように伝えるかというメディアの意図も浮かび上がってくるというメタ的な妙も味わえる．

5.1.2. ラベリングに潜む含意

　同一人物を指示しているにもかかわらず，その人をとり巻く状況の変化に応じて呼び方が変化していくことがある．当然ながら，それがはらむ含意によって受け手に与える印象も変化していく．

　2014 年の STAP 細胞報道に関係する渦中の人物がどのようにメディアで報道されていたかという点は，ラベリングの問題を提起してくれる．当初この報道は，ある研究者の新しい研究成果を客観的に報道するというよ

りは，若い女性によって新しい成果があげられたというメディアの側にお
けるセンセーショナルな反応が反映されたものとなっていた．この点は理
化学研究所の報道戦略もあったとする意見もある．ここでは当該女性を
O または OH と略記して，その呼び方のバリエーションを追ってみよう．

　メディアは，この万能細胞 STAP の開発という世紀の仕事がそれまで
まったく注目されていなかった若い女性によってなされた，という点を前
面に押し出すために女性であることを有標化し，「若き女性研究者」「若き
女性科学者」「女性研究者」「リケジョ OH さん」などのラベリングをし
て報道していた．また「OH さん」や「O さん」などの研究成果発表には
あまりなじみのない，しかも一般の読者のすぐ隣にいる人であるかのよう
な錯覚を引き起こすラベルを使用していた．

　ところが数々の疑惑が出てきた段階で，これらのラベルをやめ，今度は
「OH ユニットリーダー」や「O 氏」など，仕事上の役職名や「氏」などの
中立的で一般的な呼び方に変化していった．

　理研を退職したのちにメディアでとりあげられたときは，「OH 元研究
員」，「OH 氏」などの無標の便利な呼び方が使用され，2015 年 9 月の
「〈STAP 細胞〉133 回の再現実験ですべて作れず」の報道のときには
「OH・元理研研究員」や「OH（敬称なし）」などが使用されていた．

　その時々で当該者に対する呼び方が変化していき，報道に込められてい
る報道する側の心的態度がはからずも示唆される形となった．同じ理研の
研究者の研究成果発表のときには，「高橋政代プロジェクトリーダー」や
「高橋氏」が一貫して使用されていたのとは明らかに異なる扱いであった．

　これが英文報道ではどうであろうか．2014 年 1 月の報道の最初は，
Japanese researcher Haruko Obokata's recent breakthrough in the cre-
ation of pluripotent stem cells in mice と，日本の研究者という肩書付き
のフルネームで報道された．その後の各関連記事のなかで初出のときは，
Haruko Obokata, a biochemist at the RIKEN Center for Developmental
Biology in Kobe, あるいは Haruko Obokata of the RIKEN Center for

Developmental Biology in Kobe のようにその職場と職種を付けてとりあげられ，以降は苗字だけの Obokata で一貫して言及されている．

　2015 年 9 月の再現実験ができなかったことを報道する記事のなかでは，単に論文の筆頭著者を表す lead author Haruko Obokata あるいは Obokata と言及されるのみである．

　この呼び方ひとつをとりあげても，日本のメディアの報道の仕方が偏ったものであったことが明らかとなる．

5.1.3.　ラベリングの仕方

　2016 年 1 月 24 日初場所で琴奨菊が優勝したとき，NHK の中継画面に次のような速報が出た．「大関・琴奨菊が初優勝　日本出身力士で 10 年ぶり」翌日の讀賣新聞では，「日本人力士」で 10 年ぶりであるなどの表現が使われ，過去の優勝者のリストまであげられていた．ところがモンゴル出身の旭天鵬が日本国籍取得後の 2012 年 5 月場所に優勝を達成していたことから，この「日本人力士」は「日本出身力士」に変化していった．

　「日本出身力士」ということばを最初に使用した人のねらいは，〈途中国籍を取得した人は含まれず，生まれたときから日本人であることを重視〉した表現と推察される．この「日本出身力士」ということばに対する違和感はその後複数のメディアでとりあげられていった．「出身」の意義は，「生まれた土地，卒業した学校，属していた身分などがそこであること」（広辞苑）や，「その土地の生まれであること．また，その学校・団体などの出であること」（明鏡）に過ぎない．つまり日本出身ということばは，生まれた土地が日本であるということが述べられているに過ぎない．そうなると，もし優勝者がオーストラリアで生まれて育った日本人の場合なら「オーストラリア出身力士」ということになるが，この「オーストラリア出身力士」は「日本出身力士」のラベリングをした人のねらいとはそぐわない表現となる．結局この報道は「日本人力士」と「日本出身力士」のラベリングの仕方に一石を投じたのであった．この優勝報道の英文記事で

は，Japan-born rikishi, Japan-born wrestler, homegrown sumo champion などとなっていた.[1]

　ちなみに，2016 年 9 月場所で優勝した豪栄道は「大阪出身力士として 86 年ぶりの優勝」と報じられた.

5.1.4.　関係当事者間のくい違い

　2013 年に食品偽装事件がおきたときに，メディア側と偽装事件をおこした当該の会社関係者との間で，一方は「偽装」ということばを使用し，会社関係者は「誤表示」ということばで応酬して，言い分にくい違いが生じていた. メディア側は，食材と表示が違っているということを会社が認識していれば，これは「偽装」にあたるとした. 一方，会社側は違法・不当な表示をする意図はなかったのであるから，これは「誤表示」にあたるとした. さらに単なる表示のミスであるなら，実際の食材がメニュー表示よりも高価な場合も含まれてしかるべきであると指摘したメディア側からの反論もあった.「偽装」と「誤表示」の辞書的な意味は異なるものの，同じ現象を異なることばでラベリングできるのが恐いところでもある.

　その後日本経済新聞（2013 年 12 月 3 日）によると，この一連の百貨店や有名ホテルなどにおける食材の虚偽表示の報道から，その年のおせち料理に使用される伊勢エビの取引価格が高騰していったという現象がおきた. これもまたラベリングが関係している. いわゆる「伊勢エビ」と呼ばれているものは，実際は，伊勢エビと同じイセエビ科の「ミナミイセエビ」で輸入物であった. 伊勢エビを提供するレストランなどは虚偽表示の追及

---

[1] The decade long drought during which no Japan-born rikishi had won a top-flight title was over. (*The Japan Times*) / Aficionados of Japan's national sport have breathed a collective sigh of relief after Ozeki Kotoshogiku triumphed in his final bout of the New Year Grand Sumo Tournament on Sunday, becoming the first Japan-born wrestler to win a "basho" for a decade. (*The Telegraph*) / Japan's agonising wait for a homegrown sumo champion has ended after Kotoshogiku on Sunday became the first Japan-born wrestler in a decade to win a tournament. (*The Guardian*)

を避けるために，本物の伊勢エビ購入に走った．そこでもともと漁獲量に変動の大きい伊勢エビの値段がつり上がったというわけである．このラベルの妥当性の問題は，一般消費者も巻き込んでしばらく続いた騒動であった．

　単なる誤表示といっても，値段の低い物だけを使っていることから，意図的に対象を選択していたということが推察され，したがって故意の偽装とレッテルを貼られても仕方がないことになる．

5.1.5.　翻訳語における尺度のズレ

　decent work は，1999 年の第 87 回 ILO (International Labour Organization) 総会に提出された事務局長報告において初めて用いられた．このことばが出てきた背景には，グローバル競争の加速化が大きく関係する．このグローバル化が各国の経済成長を進めるうえで非常に重要な要素となり，実際多くの利益と発展をもたらしたが，一方では激しい経済競争のために働く人の権利の軽視や所得格差の拡大，失業率の増加など，働く人たちにとって深刻な問題を多く残した．この状況を改善すべく ILO は 21世紀の活動の主目標として decent work を掲げた．したがってこの表現には，前世紀的な劣悪な労働条件下で働かされるのではなく，人並みに扱われて（人間らしく）働くという概念がその底に流れていた．つまりこのdecent は，*Decent is used to describe something which is considered to be of an acceptable standard or quality* (*COBUILD*) とあるように，非難される点がない，あるいは見苦しくないなど許容レベルとして最低限はクリアしているという意味で使われており，その最低限からのスタートを含意していた．

　実際の取り組み内容は，「(5) 多様性（この政策は，それぞれの国に特有の必要性に応じて策定されなければならない．あらゆる状況に適合する万能薬は存在しない）」という事務局長報告にもあるように，国や地域によってその時々に抱えている課題や状況次第で大きく変わっていく．この

ことを踏まえたうえで，各国は独自の取組を開始した．

　日本ではこのことばを「働きがいのある人間らしい仕事」と，もともとのことばのもつ「最低限」は排除されて，プラス思考の付加された積極的な訳となった．つまり尺度基準が移行してしまったわけである．これに符合するように，厚生労働省のホームページでは「ディーセント・ワーク（働きがいのある人間らしい仕事）」とカタカナ表記が先行する．このことは，decent work と訳語との微妙な齟齬は無視し，この定義で使用することを明示している．このページでは，「また，日本政府としては，ディーセント・ワークの概念の普及に努めるとともに，様々な労働政策を推進することによりディーセント・ワークの実現に努めている．平成 24 年 7 月に閣議決定された『日本再生戦略』においてもディーセント・ワークの実現が盛り込まれている」と結んでいる．

　翻訳語の場合には原語との間にある程度ズレが生じるという点で，受け手はこのようなラベリングにも注意が必要になってくる．

5.1.6.　報道発信者のことばを言い換える

　2016 年 2 月 7 日北朝鮮は特別重大報道として「地球観測衛星『光明星 4 号』打ち上げに成功」と報じた．この「地球観測衛星」ということばは，日本ではメディアによって，種々のことばに変化していった．NHK のテレビ画面には「北朝鮮ミサイル発射」とあり，アナウンサーは「事実上の弾道ミサイルの発射」と伝えた．首相官邸ホームページでは，「北朝鮮による『人工衛星』と称するミサイルの発射について」(North Korea's Missile Launch) と報道されていた．新聞でも「北，ミサイル発射」，「事実上の長距離弾道ミサイル」などのことばが行き交った．アメリカ国務省公式発表では D.P.R.K. Missile Launch（北朝鮮のミサイル発射），CNN では long-range rocket（長距離ロケット）と報道された．これらのことばはいずれも A を（A ではなく）B と言い換えているわけであるから，A というラベルに対して意図的にメディアが読み込みをしてレッテル貼りをして

いることになる.

5.1.7. 表象からメタ表象へ

2016年アメリカ大統領選挙戦第3回テレビ討論会において，共和党候補トランプはメキシコ国境に関連して，（bad）men のかわりに（bad）hombres とスペイン語を使った．そこでなぜわざわざスペイン語を使ったのか，その根底には人種差別意識があるのではないかと非難された．そもそも差別発言は許されない討論会という状況で hombres ということばを使った，ということで問題にされてしまったのであろう．ここでは，ことばを選択するという表象レベルでの差別意識の織り込みが問われたことになる.

最近「成人病」が「生活習慣病」と用語が変わった．これは単なる病名の読みかえという表象レベルだけでなく，メタ表象における評価も異なってくる．つまり，成人病が年を経ればなる病気ということなら，生活習慣病は日頃の生活習慣に留意していれば避けられる病気ということになる．ところが，実際は日頃の不摂生な生活習慣がたたって引き起こされる病気という裏読みによる負の評価さえ含まれてくるのである.

5.1.8. メディアとレッテル貼り

2015年11月6日安倍首相が讀賣国際経済懇話会（YIES）の講演に，次の一節がある．「この言葉（1億総活躍）について，戦前のスローガンのようだとか，国家による押しつけだといった批判があります．これは私の不徳の致すところであります．私がしゃべるとどうしてもそういうレッテルを貼りたくてしようがなくなる人がいらっしゃるようでありますが，全くの的外れであります．そうした全てを画一的な価値観にはめ込むような発想とは，むしろ対極にある考え方です．一人一人それぞれの人生を大切にする考え方が，1億総活躍であるということをどうかご理解いただきたいと思います．」この頃の首相の答弁には盛んに「レッテル貼り」というこ

とばが出てきており，対抗相手が自分のことばにレッテル貼りをするのを
牽制することがよくみられた．このレッテル貼りは，ある人や事柄のごく
一部を表現するような名称を与え，それがすべてであると決めつけ対極化
することをいう．一方的にある評価や判断を下すという点で，このレッテ
ル貼りはいわばメタラベリングとして注意を要する．

5.1.9.　ことばの罠

　ことばは，物事のある一面を切り取ってそれを形にしたものである．そ
こにはことばにした人の意図なども含意される．また受け手も文字どおり
読みはさておき，とり巻く状況や心情によって使われたことばを解釈す
る．当然送り手の意図と受け手の解釈には齟齬が生じる可能性が高くな
る．表象における織り込みですでにズレの可能性が生じてくるが，さらに
ことばの使い手の思惑次第で，メタ表象のレベルでも思いがけないズレを
引き起こす可能性がある．受け手もそれを意識したうえで，ことばの理解
が必要となる．

　しかし現実の社会では，ことばによって引き起こされる問題に気づかな
いうちに日々巻き込まれていることが多い．とくにメディアで使用される
ことばには意図的な仕掛やトリックがあることも多く，受け手のメディ
ア・リテラシーの重要性はますます大きくなるであろう．

5.2.　隠されたステレオタイプ─役割語

　私たちのまわりには，ことばのステレオタイプといわれるものがいたる
所に存在している．しかし，あまりにも身近で当り前すぎて，それと気づ
かないことが多い．それが「役割語」である．

　「役割語」とは，話者の属性─年齢・性別・職業・階層・時代など─を

示すために用いられる架空のことば遣いである（金水（2003））．とくに子ども向けの物語，漫画やアニメのなかで用いられることが多いが，それだけでなく海外の文学や映画，ドキュメンタリーやニュースなど外国語番組の翻訳・字幕・吹替えなどにも広くみられる．役割語は，日本語では文化的なステレオタイプとして機能しているが，私たちが考える以上にメディアなどにも深く浸透している．

5.2.1. フィクションにおける役割語

　まず，松岡佑子訳『ハリー・ポッターと賢者の石』の訳文とローリングの原文を比較して，役割語が翻訳のなかでどのように使われているかをみていきたい．

　ある地域のイメージは，その地方で話されることば，すなわち地域方言と密接に関わっている．たとえば大阪方言はおもしろい，京都方言は女らしい，東京方言はかっこいい，東北方言は素朴，などというイメージと結びついている．このようなイメージを利用して，地域方言が役割語として使用されることがある．たとえば英語のなかに出てくる地方なまりは，東北色の濃い方言に翻訳されることが多い．

　森の番人である巨人のハグリッドはイングランドの地域方言を話しており，これが翻訳では次のようになっている．

　（1）　ハグリッド：　と，とってもがまんでき<u>ねえ</u> … リリーとジェームズは死ん<u>じ</u>まうし，かわいそうなちっちゃなハリーはマグルたちと暮さ<u>なきゃなんねえ</u> … （I c-c-can't stand it—Lily an' James dead—an' poor little Harry off ter live with Muggles—） ［ … ］ バイクは片づけておきます<u>だ</u>．マクゴナガル先生，ダンブルドア先生様，おやすみ<u>なせえ</u> （I'd best get this bike away. G'night, Professor McGonagall—Professor Dumbledore, sir.）

　次に年代を表す役割語をみてみよう．典型的な老人語は，「博士ことば」
とも呼ばれ，一人称の「わし」や文末詞の「～じゃ」「～のう」「～です（ま
す）ぞ」，打ち消しの「～ぬ（～ん）」，動詞の「おる」など，西日本方言の
特徴をもつ．現代の日本にはこのようなことばを話す老人はほとんどおら
ず，もとの英語にもこれにあたる表現はないにもかかわらず，老人を表す
ことば遣いとして広く使われる．次はダンブルドア校長のことばである．

　(2)　ダンブルドア：　マクゴナガル先生，こんなところで奇遇じゃの
　　　　う．(Fancy seeing you here, Professor McGonagall.)　[...]
　　　　まあまあ，先生．あんなにコチコチな座り方をする猫なんて
　　　　いやしませんぞ．(My dear Professor, I've never seen a cat
　　　　sit so stiffly.)

　若者ことばには，「おれ」「～っす」打ち消しの「～ねえ」や「やばい」
のように俗語や流行語など，非標準的なことばが多く使われる．

　(3)　フレッド ＆ ジョージ：　なあ，俺たち，真ん中の車両あたりま
　　　　で行くぜ…リー・ジョーダンがでっかいタランチュラを持っ
　　　　てるんだ．(Listen, we're going down the middle of the
　　　　train—Lee Jordan's got a giant tarantula down there.)　[...]
　　　　すげえアイデアだぜ．ママ，ありがとさん．(Great idea
　　　　though, thanks, Mum.)

　次にジェンダーを表す役割語をみよう．日本語は男女のことば遣いの違
いが大きい言語である．典型的な女性語としては，自称詞の「あたし，あ
たくし」，文末詞の「～だわ，～の，～なの，～よ」などがある．こうし
たことばは，現代のとくに若年層ではほとんど使われていないが，漫画や
物語の世界ではお嬢様やお姫様の記号的表現として役割語となっている．
もとの言語に男女の違いがなくても，女性の話すことばはほとんどが女性
語に翻訳される．

176

(4) a. マクゴナガル： どうして私だとおわかりになりました<u>の</u>？
(How did you know it was me?)

b. ウィーズリー夫人： 心配しなくていい<u>のよ</u>．9番と10番の
間の柵に向かってまっすぐに歩けばいい<u>の</u>．立ち止まった
り，ぶつかるんじゃないかって怖がったりしないこと，こ
れが大切<u>よ</u>．怖かったら少し走るといい<u>わ</u>．(Not to worry.
All you have to do is walk straight at the barrier between
platforms nine and ten. Don't stop and don't be scared
you'll crash into it, that's very important. Best do it at a
bit of a run if you're nervous.)

c. ハーマイオニー： まあ，あんまりうまくいかなかった<u>わね</u>．
私は練習のつもりで簡単な呪文を試したことがあるけど，
みんなうまくいった<u>わ</u>．私の家族に魔法族は誰もいない<u>の</u>．
だから，手紙をもらった時，驚いた<u>わ</u>．でももちろんうれ
しかった<u>わ</u>．(Well, it's not very good, is it? I've tried a
few simple spells just for practice and it's all worked for
me. Nobody in my family's magic at all, it was ever such
a surprise when I got my letter, but I was ever so pleased,
of course ...)

d. ペチュニア： さあ，支度を<u>おし</u>．ベーコンの具合を見て<u>お
くれ</u>．焦がしたら承知し<u>ない</u>よ．(Well, get a move on, I
want you to look after the bacon. And don't you dare let
it burn, ...)

(4a) は上品な副校長，(4b) は思いやりのある優しい女性，(4c) ははき
はきした女の子の台詞であるが，いずれも典型的な女性役割語を話して
いる．一方 (4d) は主人公に辛く当たる叔母のことばで，ぞんざいで高圧
的な女性役割語になっている．

　一方男性役割語は，自称詞としては「僕，俺」，文末表現では「〜ぞ，〜だよ，〜ぜ」などがその代表で，上司語あるいはヒーロー語として使われることが多い．そのもとになったのは明治時代の書生ことばで，「我輩」「君」「〜たまえ」などが特徴的である．ハリー・ポッターシリーズの翻訳では，ハリーに憎しみの目を向けるスネイプにこれを使わせている．

> (5)　スネイプ：　これ以上夜中にうろついているのを見かけたら<u>我輩</u>が自ら<u>君</u>を退校処分にする<u>ぞ</u>．さあもう行き<u>たまえ</u>．(Be warned, Potter—any more night-time wanderings and I will personally make sure you are expelled. Good day to you.)

　このような翻訳や吹替えで使われる役割語には，翻訳者の解釈が反映される．『ハリー・ポッター』シリーズの翻訳者である松岡祐子も，どの人物にどういうことばをしゃべらせるかで頭を悩ませたと述べている（松岡(2009))．また字幕翻訳家の戸田奈津子は，英語にはない男女のことばの違いや敬語の関係を，状況から的確に判断する必要に迫られると述べており（戸田 (1994)），やはり役割語の扱い方に苦労していることがうかがわれる．さらに，対話の相手との関係によってもことば遣いが変わることがあるので，注意を払う必要がある．
　次に『検察側の証人』（加藤恭平訳，1980）で使われている役割語をみていこう．登場人物のなかから，勅選弁護士のウィルフリッド卿，事務弁護士メイヒュー，容疑者レナード・ヴォールのことば遣いをとりあげる．まずウィルフリッドとメイヒューの対話を示す．

> (6)　ウィルフリッド卿：　なあ，メイヒュー，あの青年の立場は自分で考えている以上に悪い<u>ぞ</u>．(I must say, John, that that young man is in a worse mess than he seems to think.)
> 　　　メイヒュー：　確かにそう<u>です</u>ね．あのヴォールっていう男，どう思い<u>ます</u>？(He certainly is. How does he strike you?)

178

ウィルフリッド卿：　驚くほど素朴で率直だね．それでいてある
点じゃまったく抜け目がない．まあ，頭がいいんだろう．し
かし，自分の立場が危険だということはわかっていないんだ
な．(Extraordinarily naïve. Yet in some ways quite shrewd.
Intelligent, I should say. But he certainly doesn't realize the
danger of his position.)

メイヒュー：　彼がやったと思いますか？ (Do you think he did
it?)

ウィルフリッド卿：わからないな．まあ，大体，"ノー"だろう
がね．君は？ (I've no idea. On the whole, I should say not.
You agree?)

メイヒュー：　同じです．(I agree.)

注目すべきは，ウィルフリッド卿とメイヒューのことば遣いの違いで，
ウィルフリッド卿は典型的な上司語を話しているが，メイヒューの方は
「です・ます」の敬体である．このことば遣いの違いにより，勅選弁護人
であるウィルフリッド卿のほうが，事務弁護士メイヒューより立場が上で
あることがわかるが，もとの英語からはそのような違いは読み取れない．
日本人にとっては，社会的地位によってことば遣いを変えるほうが自然で
あるため，翻訳にはそれが反映されている．

(7)　レナード：　ちょっと腰の落ち着かないやつだと思ってるんで
しょう，オレのこと？まあ，確かにそうですね，ある意味じゃ．
でも，オレ，ほんとはそんなんじゃないんです．軍隊に行っ
たんでちょっと調子が狂っちまったんですよ．(You're think-
ing I'm a bit of a drifter, sir. It's true in a way—but I'm not
really like that.   Doing my army service unsettled me a
bit—that and being abroad.)

(8)　レナード：　金は手に入った．一度無罪になりゃもう裁判にかけ

られることもねえんだ．だからもうベラベラしゃべりまくる
のはやめろ．さもないとお前も共犯で縛り首にされるのがオ
チだぜ．(I've got the money. I've been acquitted, and I
can't be tried again, so don't go shooting off your mouth, or
you'll just get yourself hanged as an accessary after the
fact.)

　(7)(8) は殺人事件の容疑者であるレナードの台詞で，(7) は若者らし
いことば遣いではあるものの，相手が弁護人なので比較的丁寧な話し方で
ある．一方 (8) は最後に本性を現したときの台詞で，粗野なことば遣い
になっている．もとの英語では，これほどの著しい言語的特徴はみられな
い．

5.2.2.　ノンフィクションにおける役割語

　実際にメディアで使われた例を示してみよう．外国人スポーツ選手への
インタビューの多くが，「〜さ」「〜（だ）ぜ」「〜（だ）わ」「〜なんだ」
など，日本人が通常あまり使わないことばに翻訳されることはよく指摘さ
れる．とくに男子選手の翻訳には，男らしさや強さを強調するような男性
役割語が使われることが多い．
　また女性アスリートに対しても女性語が使用されることも多いが，それ
は単に「女らしさ」を表すために使われているのではなく，その女性の
「強さ」を表す記号として使われているという．競技の頂点に立つ「女王」
に対しては，ほかの女性選手とくらべて女性役割語の使用頻度が高いのは
そのためである．さらに，男女とも競技が終わった直後の，まだ興奮さめ
やらぬときの方が，このような役割語の使用頻度が高いという研究もある
（金水（編）(2011)）．
　リオ五輪で，ウサイン・ボルトをはじめとする選手たちの発言の翻訳に
ついて調べてみた．

180

(9) ボルト：

    a. オレは最強だ．それを証明した．…　オレより速いやつはいな
い．　　　　　　　　　　　　　　　　（朝日新聞 8 月 21 日）

    b. これが最後の五輪だ．みんなごめんな．…　俺にバトンが回っ
てくると，それが金メダルに変わる．　　（毎日新聞 8 月 21 日）

    c. ブラジルに来てから 2，3 回ちょっと練習した俺たちとは比べ
物にならない．完全に脱帽したよ．

（NHK NEWS WEB[2] 8 月 21 日）

    d. 彼は結決勝進出が間違いないのに僕を追い越そうとしたんだ．
何を考えてるんだと思ったが，彼は最高だよ．

（朝日テレビ「報道ステーション」8 月 22 日）

(10) ミセンガ：　自分を応援してくれる人がいるとは思わなかったの
で，大歓声に感激しました．

（朝日テレビ「報道ステーション」8 月 22 日）

　(9) はボルトの発言で，男性的なことば遣いが多用されている．一方
(10) は (9d) と同じ番組内での難民代表のミセンガ選手の発言であるが，
こちらは男性でも丁寧なことば遣いになっている．金水 (2011) によると，
困難や苦難を抱える選手がその思いを語るとき，役割語としての「です・
ます」体が選ばれるというが，これもその 1 例であろう．同じ番組での女
子選手の発話をみてみよう．

(11) A/N：　私たちは走り続けなきゃいけない … あなたを誇りに思
うわ … 競技に勝つより大切なことがあるの．

(12) シルバ：　信じてがんばれば時間はかかるけど夢は叶うと子供た
ちに伝えたいのです．

[2] https://www3.nhk.or.jp/news/thml/20160818/k10010641000.htm/

　アメリカのアビ・ダゴスティとニュージーランドのニッキー・ハンブリ
ン選手は，女子 5000m の予選に出場し，一方が転倒したにもかかわらず
2 人で助け合ってゴールし，特例で決勝進出を果たした．（11）はその 2
人の発言の一部であるが，典型的な女性語が使われている．この 2 人の
話は，物語仕立てで詳細に報告されており，女性役割語の多用によって劇
的な効果をあげている．一方（12）は貧しさを乗り越えて柔道のブラジル
代表となったシルバ選手のことばで，（10）と同じ理由で敬体が使われて
いると考えられる．

　政界に目を転じると，2016 年アメリカ大統領選の様子は日本でもたび
たび報道されたが，2 人の候補者の発言の翻訳をみると，トランプ氏の発
言には「あんなやつら」「〜だな？」「〜だぞ」「叩きのめしてやりたい」
「勝ちまくるぞ」などという，男性的で荒っぽい表現が多くみられる一方
で，ヒラリー・クリントンは「打ち破るのよ」というような女性語か，あ
るいは敬体が使われることが多かった．ことばは 2 人のキャラクターに
合わせて選ばれており，日本語ではことば遣いが候補者たちのイメージづ
くりに一役買っていることがわかる．

　その後アメリカ大統領となったトランプ氏の発言を，日本語でどう伝え
るかは報道機関によって異なるが，「俺は〜だぜ」「〜だぞ」とニュアンス
を加える報道も多くみられる．さらにパラ言語のレベルでも同様のことが
みられ，吹き替えの男性の声も，トランプ氏には押しの強そうな太くてし
わがれた声が使われることが多い．こうした字幕や吹き替えから受ける印
象をそのまま受けとめる人も多いと考えられ，印象操作という点から，注
意が必要である．

5.2.3.　役割語の功罪

　役割語は特定のキャラクターと結びついた特徴的なことば遣いなので，
人物の性別，年齢，仕事などの情報が，説明なしで瞬時に受け手に伝わる
という利便性がある．また，上でみた女性語や男性語のバリエーションの

ように，それによってより豊かなキャラクターが作られることもある．しかし，安易な役割語の使用は偏見や差別意識を刷り込んだり植えつけたりする可能性があると金水（2003）は述べている．その一方で現実のことば遣いをそのまま使うと，かえって違和感を感じさせることも多いため，話し方は現実そのものではなく，そこからかなりずれたヴァーチャルなものにならざるを得ないとする．

　海外からの情報の多くは翻訳を通して提示されるが，忘れてならないのは，必ずそこに翻訳者の主観や意図が介在しているという点である．送り手は受け手に偏ったメッセージを伝えないように注意を払う必要がある．場合によってはその人物の印象が誤って伝わる危険性や，さらにはメッセージの受け止め方まで変えてしまう可能性もあるからである．受け手のほうも，つねにそこに作者や原話者以外の第三者の解釈が入っているということを意識しておくことが大切である．

5.3.　行為の命名——ファーガソン事件報道

　2014 年 8 月 9 日，米国ミズーリ州ファーガソンで，武器を所持していなかった 18 歳の黒人男性マイケル・ブラウンさんが警察官に射殺される事件が起きた．警察側が人種差別的な対応をしたのではないかという懸念が広がり，これに抗議するデモ隊と警察との衝突が続いた．この事件に関し，8 月 14 日にオバマ大統領がマサチューセッツで行った発言[3] について，アメリカの代表的な新聞 *New York Times*[4], *Washington Post*[5], *USA*

---

[3] https://www.whitehouse.gov/blog/2014/08/14/president-gives-update-iraq-and-situation-ferguson-missouri

[4] https://www.nytimes.com/2014/08/15/us/ferguson-missouri-police-shooting.html

[5] https://www.washingtonpost.com/politics/obama-speaks-about-shooting-of-michael-

Today[6] の 3 紙の記事を比較分析すると，各紙の報道の仕方の違いが明らかになった．

5.3.1.　発話行為の分類

他者の発話を引用する方法としては，原話者のことばをそのまま伝える直接話法，伝達者が自分のことばに直して伝える間接話法，その中間的な自由間接話法のほか，発話行為を要約して伝える発話行為の報告（NRSA）などがある．このうち新聞報道などメディアで用いられるのは主として直接話法・間接話法・NRSA である．ここではそのなかから NRSA に焦点を当て，3 紙がどのようにそれを使って報道しているかをみていく．また必要に応じて名詞句についてもとりあげる．

Vanderveken（1990）によれば，発話はその目的に関して 5 つの基本的なタイプに分類することができる．それは ① 言明用法（assertive use：ある事態を現実のものとして述べるために発話する），② 行為拘束用法（commissive use：話し手が所定の行動を行う義務を負うために発話する），③ 行為指示用法（directive use：話し手が聞き手に所定の行為を行わせるために発話する），④ 宣言方法（declarative use：話し手が所定の行為を宣言することによって，新たな事態を発生させるために発話する），⑤ 感情表現用法（expressive use：ある事態に対する話し手の命題態度を表すために発話する）である．以下ではこの分類に基づいて考察するが，これは Culpeper and Haugh（2014）のいうメタ語用論的表明の標識に相当する．

---

brown-in-ferguson-mo/2014/08/14/d49f63ac-23c7-11e4-86ca-6f03cbd15c1a_story.html

　[6] https://www.usatoday.com/story/news/2014/08/14/obama-missouri-ferguson-police-shooting-address/14053211/

第 4 章

今ここで語りかける
──演説の場合──

4.1. 人称代名詞の使い分け

　本章では，その場にいる聴衆への働きかけが主たる目的となる演説をとりあげる．最初の 3 つの節ではコーパスを使用して分析し，通常は問題とされないような語でも思いのほか重要な役割を担うことがある点をみる．さらに聴衆の心をつかむレトリックの手法についても考えてみたい．

　まずバラク・オバマ（Barak Obama）の 1 期目（2009 年）と 2 期目（2013 年）のアメリカ大統領就任演説を比較し，これら明確な意図をもった演説からオバマの人称代名詞の使用にみられる巧妙な技法をとらえてみたい．各演説のスモールコーパスを構築し，量的分析による実証的な裏づけを行いながら，ことばによって仕掛けられた情報デザインの一端を示したい．

4.1.1. キーワード
　参考としてケネディとリンカーンの 1 回目の大統領就任演説も併せて，

184

5.3.2. 3紙の比較

ニューヨーク・タイムズ

まず，ニューヨーク・タイムズの 2014 年 8 月 14 日の報道をみてみよう．次の表は，オバマ大統領の発言に関する記事のなかから，NRSA を含む部分を抜き出してまとめたものである．右欄の大統領の発言が，左欄のように伝えられている．

表 1　ニューヨーク・タイムズの場合

	New York Times	Obama
①	(President Obama) denounced attacks both on the police and on protesters ...	There is never an excuse for violence against police, or for those who would use this tragedy as a cover for vandalism or looting.
②	(President Obama) pleaded for "peace and calm on the streets of Ferguson."	Now is the time for peace and calm on the streets of Ferguson.
③	(he) confirmed that he had instructed the Justice Department and the F.B.I. to investigate the fatal shooting ...	I've already tasked the Department of Justice and the FBI to independently to investigate the death of Michael Brown, along with local officials on the ground.
④	Mr. Obama also criticized the detentions by local police of two reporters on Wednesday who were recharging their phones and working on their articles at a local McDonald's.	And here, in the United States of America, police should not be bullying or arresting journalists who are just trying to do their jobs and report to the American people on what they see on the ground.

まず ① では There is never an excuse for ... という発言について，言明用法に分類される denounce（公然と糾弾する）が使われている．「弁明

の余地はない」から［許されない］,［非難すべき］となり,［(道徳的に許されないような行動をしたとして) 糾弾した］となる. ② の Now is the time for peace and calm ... という発話については,「今は和解や冷静さが必要なときである(と言った)」から［和解や冷静さを求めた］となり, 行為指示用法の plead for (請う) が使われている. ③ の発話全体については, 単に「述べた」や「言った」ではなく, 同じ言明用法の confirm (〜と確証する) が使われており, この発話行為の意味が強められている. またそのなかの tasked (仕事を課した) は, 同じ行為指示動詞の instructed (指示した) になっている. ④ では, police should not ... という発話に対し, 言明動詞 criticize (非難する) が使われている. もとは「警察は〜すべきではない」と, 現在時制で一般化された表現になっているが, そこから［警察が〜することは不当である］が導かれ, さらにそれを特定的にファーガソン事件にあてはめて［警察が〜したことを非難した］となる. 公然性や道徳性を含む ① の denounce との使い分けに注目したい. また, 警察官による bullying or arresting (威圧や逮捕) という行為に対しては, detention (拘留) というやや緩和された表現が使われている.

　興味深いのは, ④ で原文が「ただ単に実際に目の前で起こっていることをアメリカ国民に伝えるために仕事をしている記者たち」(journalists who are just trying to do their jobs and report to the American people on what they see on the ground) と現在時制でやや抽象的に表現されているのに対し, 記事では「マクドナルドで電話機を充電し, 記事を書いていた記者たち」(reporters who were recharging their phones and working on their articles at a local McDonald's) と, 過去時制で原文にはない具体的な情報を付け足している点である.

ワシントン・ポスト

　ワシントン・ポストの記事のなかで NRSA で報告されている箇所をみてみよう. ワシントン・ポスト紙では直接引用が大部分を占めており, 間

186

接引用がまったくみられず，NRSA も 2 箇所だけである．

表 2　ワシントン・ポストの場合

	Washington Post	Obama
①	Obama called for national unity and healing ...	But let's remember that we're all part of one American family. We are united in common values ... So now is the time for healing.
②	Obama said ... he called for a thorough investigation "to see that justice is done."	I made clear to the Attorney General that we should do what is necessary to help determine exactly what happened, and to see that justice is done.

　① の let's remember that ... という発話に対して，また ② の I made clear ... we should do ... に対して，いずれも行為指示動詞の call for（要求する）が使われている．まず ① では「忘れないようにしよう（と言った）」が［〜と呼びかけた］，［〜を要求した］となる．② では「我々は〜すべきであると司法長官に対して明言した」という，自分たちの義務を表す言明的な表現が［〜を要求した］となっている．また ② what is necessary to help determine exactly what happened, and to see that justice is done（起こったことや正義が行われていることを正確に確認するために必要なことすべて）については，要約されて thorough investigation（徹底的な調査）となっている．

USA トゥデイ

　USA トゥデイの NRSA は次のような表にまとめることができる．

表3　USA トゥデイの場合

	USA Today	Obama
①	(Obama) <u>urged</u> police and pro-testers in Ferguson, Mo. to "take a step back" and consider how to best move forward.	I'd like us all to take a step back and think about how we're going to be moving forward.
②	The president <u>called on</u> local police to be "open and transparent" about their investigation of Brown's death.	... the local authorities—including police—have a responsibility to be open and transparent about how they are investigating that death ...
③	In particular, Obama <u>criticized</u> police for <u>detaining</u> two journalists during protests Wednesday.	And here, in the United States of America, police should not be bullying or arresting journalists who are just trying to do their jobs and report to the American people on what they see on the ground.
④	Obama <u>asked</u> citizens to remember that all Americans remain united by common values.	But let's remember that we're all part of one American family. We are united in common values ...

　まず ① において I'd like us ...（我々が〜するよう望む）が urge（促す）となっているのは，大統領のそのような気持の表明が［〜するよう促した］ことになると解釈されているからである．またここではその目的語 us all を明確に police and protesters（警察と抗議する人々）と特定している．さらに think about が consider と言い換えられている．② では local authorities ... have a responsibility という発言に call on（求める）という表現が使われている．これは大統領が「地域当局や警察には〜する責任がある（と言った）」ということは，［〜するよう求めた］ことになるというよ

うな推論が働いているからである．またオバマ原文の the local authorities—including police が，記事では local police と限定されている．③では police should not … という発言が，ニューヨーク・タイムズの表1-④と同様，言明動詞の criticize で表されている．また bullying or arresting をまとめて detaining（拘留）と言い換えられており，これも表1-④に近い表現となっている．④ では Let's remember that … に対して行為指示動詞 asked が使われているが，これも表2-① の called for と同じく，「忘れないようにしよう」と言ったということは，［そうするよう求めた］ことになるからである．

　3紙の報道では行為指示用法の発話行為動詞，つまり相手に対してなんらかの働きかけをする行為を表す動詞が多く使われており（ask, plead for, call for, call on, urge），言明動詞もいくつかみられた（confirm, criticize, denounce）．行為指示動詞のうち，たとえば urge は「なんらかの緊急性をもつ問題であるという予備条件をもつ」（Vanderveken（1990））．また同じように「あやまちを責めとがめる」の意味をもつ言明動詞でも，denounce と criticize では印象は大きく異なる．このあたりに報告者の問題意識や裁量が反映されているといえよう．

　NRSA では，原発話の意味を解釈し，原話者の意図を推測したうえで，発話の状況を勘案しつつ発話の力を特定し，適切と考えられる語を選んで行為に命名することになるため，直接話法や間接話法と比べて伝達者の意図や裁量の入る余地が大きくなる．そのため同じ発言について，伝達者によって異なる表現で命名されることは珍しくない．

　この大統領の発言の報道をみると，漠然とした名詞句の指示対象が特定化されたり，一般的な表現になっているものが動詞によって具体化され，とくに行為指示動詞が多用されたりと，もとの発言ではあいまいに表現されていたものが，明確化される傾向が強いことがわかった．

5.3.3. 「陳述」か「脅し」か

発話行為動詞による命名で問題になった最近の端的な例をあげてみよう．アメリカのトランプ統領は，2017 年 5 月 12 日の自分のツイッターで，次のような書き込みをして物議をかもした．

(13) James Comey better hope that there are no 'tapes' of our conversations before he starts leaking to the press!

発話の意味内容は，「ジェームス・コーミーは，報道機関にリークし始める前に私たちの会話の『テープ』がないことを願った方がいい」というもので，一見話し手の考えを述べた陳述のようにみえる．しかしこの発言の報告にどのような動詞を使っているか，いくつかの報道機関で比べてみると，threaten（脅す），warn（警告する），intimidate（恫喝する）のほか，blackmail（恐喝する），bluff（こけおどしで〜させる），shot a sharp warning（強く釘を刺す）など，さまざまな動詞が使われている．発言の内容自体には，明確に脅しや恫喝にあたるような表現は見あたらないのに，なぜこのような解釈になるのであろうか．

ここには文脈が大きく関与していると思われる．この発言が当時のFBI 長官コーミーを解任した大統領のものであり，コーミーが大統領や政権にとって不利になるような案件を調査していたということを勘案すると，この発言のもつ意味合いが変わってくる．とりようによっては，「自分に不利になるようなことをしゃべったら，2 人の会話を録音したテープを公開するぞ」という脅しであるという解釈も十分可能である．

これに対し，トランプ大統領のスポークスマンであったスパイサー報道官は翌 5 月 13 日，That's not a threat. He simply stated a fact.（あれは脅しではなく，ただ事実を述べたまでだ）と述べ，言明動詞の state でレッテル貼りをしている．ちなみに日本の報道では「けん制」「脅迫」「恫喝」などの語が使われていた．また 2017 年 1 月 27 日に夕食の席でトランプ大統領がコーミーに対して言った I need loyalty. I expect loyalty. と

いう発言も問題になったが，これもやはり言明用法の陳述，行為指示用法の警告，あるいは行為拘束用法の脅迫といった解釈の相違に帰することができる．ここでは発言の意味内容よりもむしろ，大統領とコーミーの関係や，その時点の2人を取り巻く状況なども大きく作用している．

　このように1つの発話に対してどのような動詞で命名するかということは，伝達者が原話者のメタ語用論的表明をどう解釈して伝えるかという意図もかかわるので，受け手は情報の重層構造を意識して解釈する必要がある．これは文脈も絡んで非常に複雑で，またとくに政治の場ではときとして重大でしかもデリケートな問題をはらむことになる．

5.3.4. 命名の難しさ

　他者の発話行為を知覚，認識してそれに命名する，つまりことばを与えるということは，単純に見えるものでも，実は非常に複雑なことである．外側から見ただけでは，行為者の意図が正確に推測できないからである．それ以外に送り手と受け手との関係，その発話が行われた場所や時間など，その場の状況などのほか，発話する際の言い方，表情などパラ言語的要素もかかわってくるので，さらに複雑になる．

　同じ演説や発言を報告するときでも，動詞だけに限ってみてもその報道の仕方は新聞によって大きな違いがあることがわかる．このことは，報告者の裁量の大きさを示しており，そこにその意図を推し測ることもできる．つまり，ニュースソースの扱いのみならず，データの提示法，さらには情報や意図の盛り込み方などに特徴がみられ，それらがときとして誤誘導に繋がる可能性も否定できない．読む側には，レトリックに惑わされず，主体的に情報を読み込むメディア・リテラシーが必要とされる．

5.4.　隠された皮肉—「アナ雪」をめぐる報道

アンデルセン童話「雪の女王」を翻案したディズニーの 3D コンピュータアニメーション映画 *Frozen* は，第 86 回アカデミー賞 2 部門を受賞した．2014 年春に『アナと雪の女王』の題名で公開された日本でも，海外メディアが注目するほど史上最高のヒット作として「アナ雪」旋風を起こした．この映画をめぐる英語ウェブ記事と，日本語新聞の紹介記事を比較してみたい．

5.4.1.　ハリウッド・レポーター

映画誌ハリウッド・レポーター (*Hollywood Reporter*)[7] では，日本での吹替版キャスティングの妙を名前をあげて紹介したうえで，7 月時点での興行成績を示す．日本ではアニメーションとディズニーは人気があるためヒットは確実視されていたが，予想を超える社会現象になったと指摘する．その原因について，日本語主題歌の「ありのままで」の魅力をあげている．

(14)　*Ari no Mama de*, which translates roughly as "just as it is" and is the Japanese rendition of the *Let It Go* phrase, worked exceptionally well, and the independent-girl-power theme was a part of the film's appeal in a conformist society that is beginning to deal with ingrained chauvinism. Disney's marketing in Japan originally targeted young women and girls with the somewhat unconventional dual-female lead characters and the film's musical-like qualities. Spreading from that core audi-

---

[7] https://www.hollywoodreporter.com/news/why-frozen-was-huge-japan-720193

ence, *Frozen* began to attract a wide age range, getting occasional cinemagoers into theaters, and a large number of repeaters.

ハリウッド・レポーターは，3D 吹替版がリリースされたのに加えて，主題歌 "Let It Go" が *Ari no Mama de* ("just as it is") と意訳された効果[8]を指摘している．もともと let it go には，「なくなっても構わない，なすがままで」(If you let someone or something go, you allow them to leave or escape. (*COBUILD*)) といった意味合いがあり，エルサは今までの枷をなげうち let it go と開き直って歌う．日本語の意訳の効果を認めたうえで，自立した女子力という内容が，根深い男性偏重にやっと取り組み始めた順応型社会である日本で受けた一因とする．日本でのマーケティングでは，従来の若い女性客から年齢層が広がり，あまり映画を見に行かない人々が足を運んだり，リピーターが増えたりしたとし，日本の老若男女の声も掲載する．さらに日本のゴールデンウイークに合わせて 3D 吹替版が上演されるという興業日程もあげている．これにより，3D 字幕版か 2D 吹替版かを選ぶ必要もなくなり，リピーターが増える原因となったと指摘する．

　最後に「アナとエルサのおかげで」(thanks to Anna and Elsa) とダブルヒロインの名をあげて，前年には日本で最低の興業成績となっていたハリウッド映画に大貢献したと締めくくる．

5.4.2. アトランティック

　アメリカのオピニオン・リーダー誌アトランティック (*Atlantic*)[9] もい

---

[8] 高橋知伽江は，さびの let it go を画面のエルサの口の形に合わせて「ありのままの」に訳したと語る (https://www.alc.co.jp/gogakuup/blog/2014/03/frozen.html)．「お」音の声を押し出す効果は好評でも，意味的には違うのではないかと当初から指摘はあった．

[9] https://www.theatlantic.com/entertainment/archive/2014/06/why-frozen-is-so-popular-in-japan/373714/

ち早く日本での大ヒットを紹介している．世界的現象となった理由として，音楽に加えて大人も楽しめる物語で，従来のディズニー・プリンセスのステレオタイプを打ち破る凛としたヒロインたちの絆が，とりわけ日本の女性に予想外に受けた理由であると分析する．ロマンスが焦点でなく，女王としての権力と従来なら邪悪（evil）とされる魔力をもつエルサは，女王としての務めから解放され "Let It Go" を歌って自ら作った氷の城に閉じこもる．今までの枷から解放された自分を受け止めることが自信に繋がっていく点が，あらゆる枷にしいたげられた人々の頌歌として愛されるようになった，とニューヨーカー誌[10] を引き合いに出して，その音楽性に着目している．

　この映画が，従来から批判されていたディズニー流ステレオタイプとは違う un-Disney であることもあって，マーケティングも異なっている．ポスターのデザインに端的にみられるように，欧米では雪だるまのオラフを強調して少年層，日本では女子力に力点を置いたプロモーションで日本女性をターゲットにしたと指摘する．日本が女性の活躍を応援するような国柄とはほど遠い現状に鑑み，よく練られた日本戦略であるとする．世界でも日本女性は高学歴であるのに反して，女性賃金や参画度とりわけ女性管理職の少なさを数字付きで紹介する．経済成長には女性参画が必要という想定シナリオのグラフをつけて，安倍首相の Womenomics をとりあげる．これは，女性が活躍することで総生産を15％引き上げ，2020 年までに女性管理職を今の3％から30％にして，ジェンダー・ギャップを埋めようとするものである．

　次に性差別がはびこる日本の現状として，東京都議会でのヤジ問題を写真付きで紹介する．晩婚化対策で質問中の女性議員に対して，結婚や出産に関するヤジ（Why don't you hurry up and get married?／Can't you

---

[10] https://www.newyorker.com/science/maria-konnikova/how-frozen-took-over-the-world

bear a child?）や笑い声があったことを紹介する．厳しい世論の批判を受け，5 日後に自由民主党会派の男性議員 1 人が名乗り出ただけで，安倍首相の掛け声にはほど遠い日本の現状を示していると指摘する．さらに，セクシュアル・ハラスメントのヤジを最終的に認めた男性議員の謝罪を無表情に受ける女性議員の写真（ロイター／共同）のあとに，「輝く女性応援会議」オフィシャルブログ扉の安倍首相のにこやかな笑顔の写真を掲げ，安倍首相の SHINE! という掛け声に対する反応を述べる．

(15)　Given what happened to Shiomura, it seems fitting that while Abe's trying to convince women that he and his party leaders want them to "shine!" —whatever that means—Japanese women are busy booking out karaoke parlors to sing "Let It Go" (one of the three different versions released in Japan—or, more likely, all of them).

このような状況では，政府の政策をよそに日本女性は "Let It Go" を歌うためにカラオケの予約に余念がないとする．日本で芽生えかけたフェミニズムの表れというよりは，最終的には女性を元気づける歌（cheer-up song）としての歌の力に戻る．映画を見なかった人にも人気を博した主な原動力は，励まされた女性というよりは，音楽とりわけ日本語吹替版の松たか子の声だろうと結論づける．最後に 7 月総選挙での自民党女性候補が約 11％と数字を示し，まだ主役の立場にない日本女性の現実で締めくくっている．

5.4.3.　英語記事の比較

　英語記事 2 種は，大ヒットの要因としての音楽性と物語性とマーケティング（Litman（1983））をあげ，映画の魅力とともに日本の現状も紹介している．しかしハリウッド・レポーターはエンターテイメント重視の性格上，根深い男性偏重社会にくさびを打ち込みかけた日本でのアピール度については，（14）でみたように 1 度言及するのみである．

　アトランティックでは題（Big in Japan: *Frozen*'s Feminist Rallying Cry）に続くリードで，この映画が日本で大ヒットしたのは，アメリカと異なる日本の性差別批判の声と重なって，この映画のフェミニスト・スローガンによるエンパワーメント・メッセージが功を奏した，とマーケティング戦略を指摘する．ハリウッド・レポーターと比べると，その内容と傍証は以下である．

表 4　アトランティック記事の構成

	内容	傍証
導入	日本で大ヒット	歴代興行成績グラフ
分析	① 音楽性	
	② 物語性（お姫様像の打破）	
	③ マーケティング戦略	男性向け映画興行成績グラフ
	④ 日本女性の現状：日本女性進出度，都議会やじ問題，安倍政権の政策	女性参画度数（%），女性参画と経済のグラフ，謝罪の写真，「輝く女性応援会議」扉の写真
結論	① 音楽性：主題歌，吹き替え	

共通の観点 ① ② ③ のあと，アトランティックは独自に ④ で日本女性のおかれている現状の分析に踏み込んでいくのである．

　注目すべきは安倍首相と自由民主党に関する表現である．都議会でのヤジ事件を起こしたのが自民党員ということが切り口となり，首相および与党に関する変奏表現が以下のように繰り返し使われている．

(16) a. —prime minister Shinzo Abe just launched a campaign to close the gender gap

　　 b. a slew of male members of prime minister Shinzo Abe's Liberal Democratic Party heckled her

　　 c. The fact that Abe's men are behaving badly just as the PM rolled out his "Womenomics" plan to encourage women to join the workforce

　　 d. it seems fitting that while Abe's trying to convince women that he and his party leaders want them to "shine!"

　　 e. Shinzo Abe and his LDP have a lot to learn

　　 f. the LDP is fielding nine female candidates out of 79

　旗振り役の安倍首相が自民党総裁であることを踏まえ，以上のようなラベルを使い分けることで理想と現実，トップと現場との意識の乖離を鋭く指摘している（just how far Japan has to go before its male leaders get a clue）．そして，5日後に名乗り出た自民会派男性議員が被害女性議員に頭を下げている写真を添付する．結局名乗り出なかったその他の議員は問題にせず，首相と同じ自民党員という構図に仕立て，日本の構造的問題として与党内の足元の乱れをより前景化している．

　アトランティックはグラフや数字といった傍証をあげており，論の展開はある意味客観的という印象を与える．しかしながら，やじの主が自民党員だという指摘とそれを謝罪する写真のあとに，「輝く女性応援会議」の扉の安倍首相の写真を掲げる．謝罪を受ける女性議員の笑っていない顔とは対照的に，にこやかに笑う安倍首相の顔を並べるのである．

　そして政府の掛け声をよそにカラオケで主題歌を歌う日本女性の現実を指摘する．アトランティックは，劇中で歌われる状況を（17）では括弧付きで fairly irresponsibly と批判を入れる．ためらいもなく女王の務めを放棄して，魔力を気にするのはやめると女王エルサは歌う．社会の期待に

背いてすべてをなげうって歌う歌（A "screw 'em all" tirade against so-cial expectations）として "Let It Go" は決してほめられた状況ではないが，捨鉢の自己受容が自信になるには必要であり，この歌はあらゆる枷に虐げられた人の頌歌となったと指摘する．

(17)　Elsa delivers the show-stopping number "Let It Go" as she (fairly irresponsibly) ditches her queenly duties for a life of self-imposed exile in an ice-castle of her creation.

A "screw 'em all" tirade against social expectations, "Let It Go" sees Elsa's embrace the weird power that makes her different from everyone else, rejecting the shame her parents had made her feel about it. It's not really her finest moment—while she's traipsing all over glaciers, her kingdom is in a state of deep-freeze. But it's also necessary: an instant of brazen self-acceptance that will soften into confidence. And people love it; "Let It Go" had become an anthem for the oppressed of all stripes, as this New Yorker article explains.

アトランティックは，(15) の括弧内で日本では3種（あるいはそれ以上）リリースと紹介するが，訳詩のニュアンスには触れていない．なお劇中歌とは一部異なる歌詞が含まれたエンドソングがあり，歌手も異なっている．"Let It Go" は過去の自分を捨て自己再生して自信となるまでを見据えた歌であるが，「ありのままで」にはそのような紆余曲折は含まれず，悩まず素直なありのままの自己肯定の歌となっている．またエンドソング独自の歌詞に使われる日本語版には「輝く」という意訳[11] が入っており，

---

[11] Standing frozen in the life I've chosen　　ずっと泣いていたけど
You won't find me. The past is all behind me　きっときっと幸せになれる
Buried in the snow.　　　　　　　　　　　もっと輝くの　（高橋知伽江）

はからずも「輝く女性応援会議」と響きあうのも皮肉である.

最後に歌と歌手の魅力に話を戻し，(18) と締めくくる.

(18) After all, if there's one thing the film's success has shown it's that when it comes to starring roles, Japanese women like hearing their own voices.

ところで，日本女性が歌うのが "Let It Go" か，「ありのままで」か，「輝く」の歌詞が入ったエンドソングかでも違ってくる. 社会の期待に背いてもすべてをなげうって "Let It Go" と無責任にカラオケで歌い放つのか，悩まず「ありのままで」現実を素直に受け入れ歌うのか. 輝くためには女性が主役でなければならないはずである. しかし男性主導の政府による「輝け！」という音頭で笛吹かれても踊れず，日本女性は「ありのままで」と現実を受け流して歌うのか. この「輝け」が「働け」の美化語であるのを見透かしたかのように，予約したカラオケで自ら「もっと輝くの」と歌うことで自己実現を図らざるをえないのか，ということになる. アトランティックが日本女性の現状を具体的に述べたあと，(18) につけた「主役ということならば」(when it comes to starring roles) という但書には，男性主導の日本の縮図ともいうべき状況への皮肉さえもがうかがわれる.

5.4.4. 日本語記事の比較

日本語新聞 2 紙では共同通信を基にしているものの，ハリウッド・レポーターの扱いはほぼ同じだが，アトランティックは異なる. スポーツニッポン（8 月 11 日）は以下のようにまとめる.

(19) アトランティック誌は，特に女性に人気が高いことに着目. 先進国の中で就業率が低く，活躍の場を制限されている日本女性が力強く自立したヒロイン像に引きつけられていると分析した.
東京都議会のセクハラやじ問題にもふれ，安倍晋三首相が「女

性が輝く社会」を推進する中，政権与党の自民会派所属議員から
やじが出ており，女性の社会進出への道は遠いと指摘．「安倍政
権が女性に『輝く』よう説得するのを横目に女性たちは『ありの
ままで』を歌うためにカラオケに足を運ぶ」と皮肉った．（共同）

アトランティックの日本女性の現状やヤジ問題にもふれたうえで，要点を
引用する形でさらに端的に「皮肉」と行為のレッテル貼りをしている．し
かし歌を「ありのままで」と特定することで，上述のような重層的に響き
あう皮肉は隠されたままである．

　それに比べ，日本経済新聞記事（8 月 14 日）ではごく簡略に紹介する
だけである．

(20)　アトランティック誌は，特に女性に人気が高いことに着目．先
　　　進国の中で就業率が低く，活躍の場を制限されている日本女性
　　　が力強く自立したヒロイン像に引きつけられていると分析した．

現状についてのごく簡単な言及はあるものの「力強く自立したヒロイン像」
に集約させている．日本女性の現状についての，アトランティックの数々
の指摘のなかに隠された皮肉は伝えていない．

5.4.5.　情報のデザイン

　本節では「隠された皮肉」を考えてきたが，見方を変えると「読み込む
皮肉」ともいえる．スポーツニッポンはアトランティクの見せることばに
は表れていない皮肉な視線まで読み込んで報道し，日本経済新聞は中立的
な報告に終始している．どこまで伝えるのか伝えないのかという情報内容
の取捨選択のみならず，情報を客観的に伝えるのか，自らの解釈を盛り込
むのか，あるいは意図や企みをもって読み込むのかなど，伝達する際の態
度はさまざまである．結果的に情報デザインも違ってくる．

　ウェブで簡単に世界の情報を手に入れることができる昨今，一部の情報

が切り取られたり，あるいは再生産されたりしているが，受け手は提示されたものからしか読み取ることはできない．隠された意図をどのように酌み取って伝えるのか，情報の扱い方の選択は伝え手の裁量となる．また伝えないという選択すらある．どこを引用するかしないかの選択を含めた引用の提示法，さらにはどのように態度を盛り込んでいくのかという，重層的な情報デザインを意識する必要がある．

5.5. メディアの読み込み──ロシアの経済措置

　情報の送り手は何らかの意図をもって情報を伝え，自分の意図した方向に受け手を導こうとする．受け手は情報を受けて，自分の考えを変えたり，態度を決めたり，行動を起こしたりする．これがメディアの場合には，影響を及ぼす対象が大きいので情報の提示の仕方は巧妙になり，それを受け手がどのように解釈するかということには細心の注意が払われる．実際，情報に伝え手の読み込みが付加されて報道されることもあり，翻訳が介在する場合には一段と見えにくくなる．

　ここでは，2014年夏のロシアの情勢に関するウエブ記事をとりあげ，そこでみられる情報の読み込みを分析する．2014年8月6日から7日にかけて報道されたロシアの制裁措置に関する記事──英語記事（BBC，AP，CNN）と日本語記事（讀賣，朝日）──をめぐって，その情報の伝えられ方を名詞表現に焦点を当てて考えてみよう．

5.5.1. 英語記事での扱い
　8月6日にBBC NEWS[12] は次のように報じた．

---

[12] http://www.bbc.com/news/world-europe-28680656

(21)　Ukraine crisis: Putin orders retaliatory sanctions

Russian President Vladimir Putin has banned or curbed agricul-
tural imports from <u>countries imposing sanctions on Russia over
the crisis in Ukraine</u>.

In a decree (Russian text), he ordered the measures, which
also apply to food imports, to be introduced for one year.

ヘッドラインは「ウクライナ危機：プーチン報復的な制裁措置を命令する」
で，それに続くリードには，「ロシアのウラジミール・プーチン大統領は，
ウクライナ危機に対してロシアに制裁を科している国々からの農産物の輸
入を禁止または制限した．彼は大統領令で措置を命じ，これは食料品にも
適用するとし，向こう 1 年間導入する」とある．

　記事のタイトルが Ukraine crisis で，サブタイトルには，これ以前に欧
米がロシアに対して行っていた制裁（sanctions）という名詞を利用して立
場を逆転させた．これにさらに retaliatory という修飾語を使用している
ことから，この報道の立ち位置が明らかになる．つまりロシアに科せられ
ていた制裁に対して報復的制裁を命じたと報じているが，ロシアが「報復
的制裁」ということばを表向きのことばとして使用したとは外交上考えに
くい．にもかかわらず BBC はヘッドラインでこの表現を使用している．
このような報道側の立場の読み込みは，ことば自体のインパクトが強いほ
ど影響力が増すと考えられる．

　次に，もともとは一般的で抽象的なことばでぼかした，あるいは逃げた
表現が使われている場合でも，報道機関によってその伝え方が異なること
がある．たとえば情報源の報道では名指しを避けて，より一般的な表現を
使用しているにもかかわらず，各紙がそれを伝えるときには，語の指示対
象の特定化を行っている．

　上記の BBC の記事（21）では，農産物の輸入品への言及の際には，
countries imposing sanctions on Russia over the crisis in Ukraine のよ

うに，その輸出国は特定化されてはいない．しかし，後続する記者名
(Steve Rosenberg, BBC News, Moscow) を付記した Analysis の部分に
次の一節が入り，直ちにその特定化がなされていることがわかる．

(22) Wednesday's decree did not specify which countries would be
affected by the new measures. However, the EU and US re-
cently tightened sanctions on Russia, with Brussels applying
restrictions to sectors of the economy as well as individuals.

記者は，どのような物が禁止あるいは制限の対象になるのかは特定されて
いないとし，さらに今回の措置で影響を受ける国名も具体的にあげていな
い．しかし EU と US が最近ロシアに対する制裁を強めたと書くことで，
暗に制裁対象国を示唆している．つまり，ロシアの輸入禁止あるいは制限
の対象になる輸出国は EU と US をさすと記者は分析していることを示
している．記者名を付記し責任の所在を明らかにしたうえで，輸出国の限
定が行われているわけである．続けて (23) のように，ほかのニュース
ソースを示すことで対象国が US, EU であることをさらに補強している．

(23) Russian agency RIA Novosti quoted an official from the coun-
try's agricultural and veterinary watchdog as saying that the
new sanctions would apply to all agricultural products imported
from the US.
"Fruits and vegetables from the European Union will also be
under full ban," the official, Alexey Alekseenko, is quoted as
saying.

(21) の下線部に関係する国を二重下線部で示すこととし，*The Japan
News by The Yomiuri Shimbun* における *The Associated Press* の記事

（August 7, 2014)[13] では，どのようになっているのかをみる．

(24)　Russia to block U.S. agricultural imports

The Associated Press

MOSCOW （AP） —Russian President Vladimir Putin on Wednesday hit back hard against <u>countries that have imposed sanctions over the Ukraine crisis</u>, ordering trade cuts that an official said would include a ban on all imports of agricultural products from <u>the United States</u>.

The full list of products to be banned or limited for up to one year is to be published Thursday.　But the state news agency RIA Novosti quoted Alexei Alexeenko of Russia's plant and veterinary oversight service as saying "from the USA, all products that are produced there and brought to Russia will be prohibited."

Alexeenko also was quoted as saying he thinks all fruits and vegetables from <u>European Union</u> countries will also be banned.

ヘッドラインは「ロシア，アメリカの農産物輸入をブロックする」とあり，ウクライナ危機への言及は BBC より後退している．ところが，第 1 段落の段階で an official said と挿入したうえで，ロシアの制裁を受ける輸出国として US をあげて限定している．さらに第 2 段落で，出処は the state news agency RIA Novosti とし，Alexei Alexeenko のことばとして「US からは全面禁輸」とさらに語調を強め，続けて EU からの果物と野菜も禁輸になるとしている．

　これに関して，CNN ではまた異なっている．8 月 6 日に 3 人の連名（Susanna Capelouto, Catherine E. Shoichet and Phil Black, CNN）によ

---

[13] http://the-japan-news.com/news/article/0001480499 （2014.8.9. 閲覧）

204

る記事[14] を報道しているが，ヘッドラインは Russia's Putin issues retal-iatory ban on food imports となっており，この記事の STORY HIGH-LIGHTS を 4 つに絞っている．

(25) ・**NEW:** Sanctions are "putting enormous pressure" on Russia's economy, Obama says
・President Putin bans imports from countries that imposed sanctions on Russia
・Details of banned products still to be worked out
・Russia gets 16% of all its imports from the European Union

その NEW とされるトップが，先だって行われた US と EU のロシアへの経済的制裁に対するオバマ大統領のコメントである．2 番目がプーチン大統領はロシアに制裁を科した国々からの輸入を禁止する，3 番目が禁止項目リストはこれから作成する，さらに 4 番目に EU からの輸入品は16% を占める，というものである．このロシアの禁輸記事の報道のハイライトのトップが，この記事そのものではなく，すでに科している US による制裁の効果へとずれたうえに，US が前面に押し出された報道となっている．記事の冒頭を引用する．

(26) Moscow (CNN) —Russian President Vladimir Putin has named a new target as global sparring over Ukraine grows: food.

In a decree signed Wednesday, Putin banned food and agricul-tural imports from countries that have imposed sanctions against his country.

The retaliatory move comes more than a week after the United

---

[14] http://edition.cnn.com/2014/08/06/world/europe/russia-ukraine-crisis

States and European Union increased economic sanctions on Moscow for supporting pro-Russian separatists fighting Ukraine government forces in the eastern regions of Donetsk and Luhansk, along the border with Russia.

この記事では，ロシア大統領のねらいは「食料」で，ロシアに制裁を科した国々からの野菜・果物を禁輸するとあり，この報復的な動向は US と UN の経済的制裁への対抗措置であると指摘し，その対象を US と EU の 2 つに限定している．

　CNN ではこの報道に続いて，今回とった経済措置の効果に対するロシア側の言い分，EU からロシアへの輸出状況，さらに US の政府高官の指摘，オバマ大統領の談話へと報道が展開していき，その焦点は，US の一連の措置から分析したロシア情勢へと逸れていく．

5.5.2.　日本語記事での扱い
　一方日本の讀賣[15] では，次のように報道されている．

(27)　露，米欧日の食品など輸入禁止 … 制裁に対抗
　　　2014 年 08 月 07 日 01 時 10 分
　　　【モスクワ＝緒方賢一】ロシアのプーチン大統領は 6 日，ロシアへの経済制裁を発動した国々からの農産物や食品の輸入を 1 年にわたり禁止または制限することを決めた．
　　　ウクライナ情勢を巡り対露制裁を強化した米国や欧州連合 (EU)，日本への対抗措置と言え，米欧とロシアの対立はさらに深まり長期化しそうだ．

ヘッドライン，リードともに，関係する国の 1 つとして日本が新たに最

---

[15] http://www.yomiuri.co.jp/world/20140807-OYT1T50000.html（2014.8.9. 閲覧）

後に付け加えられている．

次に朝日[16] のヘッドラインでは，関係国として日本が最初にあげられている．

(28)　ロシア，<u>日米欧</u>に報復措置　農産品の輸入を禁止・制限
　　　モスクワ＝駒木明義　2014 年 8 月 7 日 10 時 01 分

　　　ロシアのプーチン大統領は 6 日，ウクライナ危機を巡ってロシアに制裁を科している欧米や日本を対象に，今後 1 年間農産品の輸入を禁止または制限するための大統領令に署名した．ロシアが経済面で本格的な報復措置に踏み切るのは初めて．

　　　大統領令は禁輸の対象を「農業関係の製品，原料，および食料品」としており，幅広い品目が含まれる見込み．ロシア政府に対して，具体的な禁輸品の リストを作成するよう命じた．規模によっては，欧州経済を中心に悪影響が広がりそうだ．ロシアは日本からも主に高級食材などの農産品を輸入しており，一定の影響が出る見込みだ．

ヘッドライン及びリードでは，関係する国の 1 つとして日本が付け加えられており，ロシアが発表したと考えられる「ウクライナ危機に対してロシアに制裁を科している国々」からは大きく変化していることがわかる．

　この讀賣および朝日は記者名が明記され，記事内容に，「…そうだ，…の見込み」などの断定を避けることばが含まれていることもその特徴の 1 つとしてとらえられる．

5.5.3.　情報の読み込み

　ロシアの情勢に関するメディア報道を例に，そこでみられる情報の読み込みに焦点をあてた．とくにロシアの制裁措置の報道における名詞表現を

---

[16] http://www.asahi.com/articles/ASG8702F0G86UHBI035.html（2014.8.9. 閲覧）

とりあげ，その表現方法や指示対象の特定化という観点から，各国報道機関の記事を比較分析した．BBC では，記者名が付記されて輸出国の特定化が行われ，さらにこれを補強する証拠が示される．AP は an official said と挿入したうえで US と特定化し，さらに情報の出処を明記してからこの US に EU を追加している．CNN は 3 人連名の記事として，US と EU に特定化している．日本の 2 紙は，ともに記者名をあげて，輸出国のなかに日本を加えている．同じ事象が，それがとりあげられる国，報道機関や記者の立場によって，微妙にずらされて報道されていることがわかる．とくに政治の場では，各国間における立ち位置がことばに反映されるという点を，読み手はことばを手がかりに読み解くことが肝要となる．たとえばこの時期にロシアが日本に対しては農産物の輸入を禁じる対抗措置を適用しなかったのは，日ロ関係の今後の改善を考慮しての結果であると考えられる．しかしながら日本の新聞では，記者の日頃の分析結果を読み込んで関係国のトップに日本をあげていることになる．

　このようなメディア報道に潜む危険性を考えると，読む側にはことばの表象に惑わされずに情報操作を見抜くメディア・リテラシーが必要である．つまり，表面的なことばの表象には，ことばの選択における織り込みや盛り込み，さらには特定の理解・評価の読み込みが撚り合わされているので，それらの見極めとメタ表象を意識した解読にまで至るということが求められる．これこそ，主体的に情報を読み解くということに繋がっていくのである．

結びに代えて

　オックスフォード大学出版局辞書部門が,「2016 年の語」に post-truth を選出したと発表した.[1] この語は, 従来の意味 (after the truth was known) に新しい含意 (truth itself has become irrelevant) が加わって, 前年度比で約 2000％使われたものである. 客観的事実 (objective facts) よりも, 感情や個人的信念に訴える情報の方が世論を形成するのに影響力があるという状況をさし, 多くは post-truth politics の文脈において使われた. 2016 年といえば, EU 離脱に関するイギリス国民投票やアメリカ大統領選挙をめぐり, 情報ときにはフェイク (偽) ニュースが錯綜し, とりわけソーシャル・ネットワーキング・サービス (SNS) においてはそれが検証されないままに拡散される現象が起きた年である.

　新しい含意をもった post-truth は, イラン・コントラ事件や湾岸戦争に関する記事 (1992 年) が初出とされるが, その後は同じような概念をもつ口語の truthiness (the quality of seeming or being felt to be true, even if not necessarily true) も使われた. truthiness の真実そうにみえたり思われたりするという直感的で個別的な性質から, post-truth はさらに現代の一般的特徴を表す語として飛躍的に使われるようになったと解説している.

　2017 年 1 月 NBC 放送での alternative facts (alt-facts: 代替的事実) も耳目を集めた.[2] これは, 当時のスパイサー報道官がトランプ大統領就任

---

[1] https://en.oxforddictionaries.com/word-of-the-year/word-of-the-year-2016
[2] http://edition.cnn.com/2017/01/22/politics/kellyanne-conway-alternative-facts/index.html

210

式での観衆数を史上最高と言ったのを,「虚偽ではなく代替的事実を言ったまで」とコンウェイ大統領上級顧問が擁護したときに使われたものである.その場で司会者から Alternative facts aren't facts, they are falsehoods. と反論を受け,論争となった.翌日には異なる視点(different perspective)を提供したという助け船も出た[3]が,すでに SNS では拡散してしまっていた.

ところでコンウェイへの反論では,「代替的事実」は事実ではなく虚偽だと断じている.たとえば alternative truth と言っていたら,これほどの反発はなかったのではないだろうか.異なる視点をとると,互いにとっての主観的真実は違うことになるからである.ここでの真実は,絶対の真理ではなく,ある事実を前に真であると判断する主観的見方によるものであり,異なる見方も許容される.いずれにせよ,(客観的)事実の代替的なものとして(主観的)真実をもち出すことは,異なる視点の導入どころか,詭弁さらには虚偽にもなりかねない.コンウェイのこの「代替的事実」への批判はしばらく鳴りやまなかった.

ルビンの壺をひくまでもなく,客観的事実を前にして実際には人により異なって見える主観的真実があり,結果的に解釈も異なる.言語学的にいえば多元焦点化(ジュネット(1985))による語りの違いである.また動詞の意味特性では,know は叙実動詞(factive verb)であるが,believe は非叙実動詞でその補文が真であることを前提とはしない(Kiparsky and Kiparsky(1971)).いくら信じても,それが真であるとは必ずしも前提とされないのである.客観的「事実」を知っていても,真であると判断する主観的「真実」があり,さらにそれを信じてしまういわば「信実」がある.ここには,truthfulness(まこと)でなく truthiness(まことしやかさ)ですませる価値転換が含まれている.post-truth は,客観的事実の事実性

---

[3] https://www.mediaite.com/tv/hannity-asks-kellyanne-conway-if-wh-relationship-with-press-will-change-dramatically/

や主観的真実の真理性の判断まで脅かすまことしやかさ，必ずしも真実で
なくても真実らしくみえさえすればよい，という直感的反応への転換を象
徴している．結果「いわしの頭も信心から」のような無批判的態度も産み
出してしまう．従来の主観的真偽判断さえ顧みなくなる「脱真実」，いわ
ばまことしやかさで事足りるような危うい状況を招くようになった．この
ような，よく考えないままでの直感的反応は，ネット社会では情報の拡散
を招きやすくする．

　「池上彰の大岡山通信──若者たちへ──137」（日本経済新聞 2017 年 6 月
26 日）は「刻々と画面から伝わる情報の真偽や中身を確かめる前に，印
象やムードに乗り，『見て，信じる』習慣が根付いてしまったのではない
か」，「ネット社会には，大量の情報を無条件に受け入れるリスクがあるこ
とも知っておく必要がある」と，情報の見極めの大事さを説いている．讀
賣新聞（7 月 26 日）では「都合のいい情報が『真実』」という見出しのも
と，「FB などの利用者は，自分の信念や主張に合致していれば，出所不
明の情報でもそれが真実だと受け入れる傾向がある．それがフェイク
ニュースに付け入る隙を与えている」という指摘を紹介している．また日
本経済新聞（8 月 15 日）は，さらなる感情的な反応の連鎖を指摘してい
る．これは，信念や意見が否定されると，自動的に生じる怒りなどの感情
的な反応が引き金となり，自分のなかで反論を生成し，もとの信念を守ろ
うとして，自分の意見と一致する情報は無批判に受け入れ，一致しない情
報には無理にでも反論しようとするものである．

　SNS の発達とともに，情報がその中身とは関係なく消費され，さらに
拡散していくという状況が生まれた．信念などを同じくするグループ内で
は，必ずしも事実ではない情報でも多くの者にとって同じ（都合のいい）
真実となって拡散していく．これは見方を変えれば「見たい情報を選択的
にみる『フィルターバブル』と称される現象が起きて」（日本経済新聞 8
月 16 日），その他の情報から遮断される状況を無自覚に招いてしまうこ
とすらある．客観的事実とは無関係に主観的真実，さらにまことしやかさ

が独り歩きして，代替的事実とうそぶく事態となる．post-truth の含意のとおり事実や真偽判断さえも置き去りにして，実際にはいわゆる例外的事象の Black Swan のもつ衝撃性に反応した拡散に拍車がかかるのである．それゆえ，客観的事実へ回帰して情報を見極めるファクトチェックが求められるのである．

　匿名性のあるネットの普及で，気楽に誰もが（偽）ニュースを作ったり，共有したり，拡散させたり，ときには自分のニュースサイトに誘導することで広告収入を稼ぐことさえできる時代になった．たとえば讀賣新聞（2017 年 7 月 24 日）は，マケドニアの大学生たちが半偽（half fake）情報のやり取りで金儲けをしている実態を報告している．真がほんの少しだけでも含まれていれば，たとえばテーマに関連性があったり，名前を知っていたりするだけでも，自分に都合のよいものや信じたいものに焦点を当て，まことしやかに見なし信じることさえできる．たとえ Grice の質・量・様態の公理に違反したとしても，コミュニケーションの根本である関連性があれば，ひいては自分の興味や信念に合いさえすれば，簡便に情報がそのまま知識としてまかり通ることにもなりかねない．自分に都合のいいものだけを真実とみなしてしまう，いわば認知バイアスが作用するのである．ここにも関連性が果たす役割の重さがうかがわれる．

　では，どのように情報を見極めればいいのであろうか．まず，情報の出処の確認が求められる．また，情報の内容と伝え方には重層構造があるので，受け手は立体読みを心掛けなければならない．内容的には，送り手は必ずしも客観的事実を伝えるのでなく，自分の主観などを盛り込んだり読み込んだりして修整することがある．発話の三層構造を踏まえて，受け手は送り手のことば遣いからメタ語用論的意識をとらえ，そのメタ表象まで察知することが求められる．情報をメタ的に，ときには批判的に読み解き，送り手の心を確かめようとする，受け手の主体的解釈は欠かせない．実際にはどういうことなのかとことばの裏も読み，織り込まれたり盛り込まれたりした仕掛や虚偽，さらには送り手の態度にも留意することも必要

となってくる．送り手のことば遣いに込められたメタ語用論的意識を探索・察知するインテリジェンスとして，さまざまな情報に隠された重要な情報やときには虚偽を見抜き，近似値の解を推論する謎解きの技を磨くことは欠かせない．受け手自身の無知，認知バイアスや感情的反応なども自覚して，客観的事実と主観的真実を見極めていかなければならない．「不都合な事実」から目を逸らして，「都合の良い真実」を追い求めていてはできない．つまり送り手と受け手双方にフィルターがあるので，メタ的に読み解く語用論的意識が求められるのである．

　伝え方には，原話者，伝達者，ときには作者や筆者がかかわってくる．たとえば，ある情報の一部分だけに焦点を当てることにより，ほかの部分は語りずらしや語り逸らしをしたり，さらには語り落としをしたりすることもある．これはことばの経済性から想定できることではあるが，ときには受け手の無知につけこんだ情報操作に発展する．ネットの発達により，金儲けなどの手段として悪意ある情報発信すらある．また情報は，送り手自ら発する場合のみならず，原話者の情報を伝える場合もあり，情報には引用をはじめとするさまざまな重層構造が含まれている．そこで受け手に必要なのは，情報の内容と送り手の態度を区別してメタ的にとらえ直して読み解く視点，つまりことばのインテリジェンスということになる．

　これは実は，私たちが日常的に行っているコミュニケーションの基本でもある．簡便にすますことも多いが，たとえば辞書で語の意味を調べるときのことを考えてみよう．辞書の最初の項にある意味だけでなくすべてを見たうえで，使われている文脈にふさわしいものを考えて選んだりする．ときには文字どおりには使われていない場合もあるので，そこに隠された意図や思惑を探ろうとしたりする．さらに発話の流れのなかでどのように使われ，切り盛りされたり，あるいは使い手の心が盛り込まれたりしているのか，整理してみようとする．労なくわかることもあるが，ことばがどのように使われているのか，使い手の心を探って見なそうとするプロセスではよく考えてみないとよくわからないこともある．文脈に応じて，こと

ばとことば遣いを意識した解釈を私たちは随時行っているのである．つまり少し立ち止まって観察，吟味する姿勢である．

　簡便にあるいは自分に都合のいい解を求めすぎると，思いがけないトリックやヒューリスティックスの落とし穴にはまる危険性が待ち受けている．解釈の労力と効果は最適のバランスのうえに成り立っているが，実際には考えをめぐらせることにより得られる効果が大きいこともある．ことば学は，ことばの表しうる幅とことば遣いから引き出しうる幅という表象とメタ表象の重層構造を意識しながら，使い手の心を絞り込んでいく謎解きのアプローチである．情報は必ずしもそのまま知識たりえないこともあり，意識してメタ的にとらえ直して読み解くということばのインテリジェンスはますます重要になってくる．これはとりも直さず，ことばのおもしろさに踏み込んでいくことである．

参 考 文 献

【和書】

荒木一雄・安井稔（編）（1992）『現代英文法辞典』三省堂，東京.

東照二（2009）『オバマの言語感覚』NHK 出版，東京.

藤井貞和（2004）『物語理論講義』東京大学出版会，東京.

福地肇（1985）『談話の構造』大修館書店，東京.

ジュネット，ジェラール（著），花輪光・和泉涼一（訳）（1985）『物語のディスクール──方法論の試み』水声社，東京.

郡司利男（編）（1982）『英語なぞ遊び辞典』開拓社，東京.

早瀬尚子（2002）『英語構文のカテゴリー形成──認知言語学の視点から』（大阪外国語大学言語社会研究叢書第 2 輯），勁草書房，東京.

東森勲・吉村あき子（2003）『関連性理論の新展開──認知とコミュニケーション』（英語モノグラフシリーズ 21），研究社，東京.

堀田知子（1989）「副詞とエンパシー」『帝国学園紀要』15, 125-133.

堀田知子（1992）「伝達動詞としての心理的述語」『成田義光教授還暦祝賀論文集』，255-270，英宝社，東京.

堀田知子（1998）「フィクションにおける情報操作──『ユードルフォの謎』の分析」『龍谷紀要』19(2), 49-59.

堀田知子（2008）「物語言説における情報操作の技法」『龍谷紀要』29(2), 15-26.

堀田知子（2009）「物語言説の中の副詞表現」『龍谷紀要』31(1), 133-145.

堀田知子（2013）「情報操作のトリック──サプライズ」『龍谷紀要』34(2), 193-204.

堀田知子・稲木昭子・沖田知子（2015）「メディアと情報操作」『龍谷紀要』36(2), 119-130.

堀田知子・稲木昭子・沖田知子（2016）「『アクロイド』の語りのデザイン」『龍谷紀要』37(2), 1-13.

堀田知子・稲木昭子・沖田知子（2017）「『観察側の証人』のメタ語用論的分析」『龍谷紀要』38(2), 81-89.

市川伸一（1997）『考えることの科学──推論の認知心理学への招待』（中公新書），中央公論社，東京.

池田拓郎（1992）『英語文体論』研究社出版，東京.

216

池上嘉彦 (1977)『意味論』大修館書店，東京.

稲木昭子 (1990)「極性一致の付加疑問文——談話の流れの中で」『言語研究』97，73-94，日本言語学会.

稲木昭子 (1997)「エコー発話について」『追手門学院大学文学部紀要』32, 61-72.

稲木昭子 (1997)「情報提示における述語動詞の意味の有標性・無標性」『追手門学院大学創立三十周年記念論集』，115-133.

稲木昭子 (2003)「謎解きのことば学——断定をさけるテクニック」『TAM 研究論集』7, 31-50.

稲木昭子 (2013)『謎解きのことば学——アガサ・クリスティの英語を楽しむ』英宝社，東京.

稲木昭子 (2014)「演説における情報操作——代名詞の切り替えと指示対象の拡大」『英語文化学会論集』23, 17-38.

稲木昭子・堀田知子・沖田知子 (2007)『新えいご・エイゴ・英語学』松柏社，東京.

井上宏・昇幹夫・織田正吉 (1997)『笑いの研究』フォー・ユー，東京.

川上和久 (2011[16])『情報操作のトリック』(講談社現代新書)，講談社，東京.

河上誓作 (編著) (1996)『認知言語学の基礎』研究社，東京.

金水敏 (2003)『ヴァーチャル日本語　役割語の謎』岩波書店，東京.

金水敏 (編) (2007)『役割語研究の地平』くろしお出版，東京.

金水敏 (編) (2011)『役割語研究の展開』くろしお出版，東京.

久野暲 (1978)『談話の文法』大修館書店，東京.

クリスティ，アガサ (著)，加藤恭平 (訳) (1980)『検察側の証人』早川書房，東京.

前田彰一 (2004)『物語のナラトロジー——言語と文体の分析』彩流社，東京.

松尾弍之 (2004)『大統領の英語』講談社，東京.

松岡佑子 (2009)『ハリー・ポッターと私に舞い降りた奇跡』NHK 出版，東京.

森住衛 (2004)『単語の文化的意味——friend は友だちか』三省堂，東京.

毛利可信 (1972)『意味論から見た英文法』大修館書店，東京.

毛利可信 (1980)『英語の語用論』大修館書店，東京.

毛利可信 (1986)「アガサ・クリスティに英語を学ぶ 1-12」『翻訳の世界』1 月号，152-156；2 月号，144-147；3 月号，144-147；4 月号，142-145；5 月号，138-141；6 月号，138-141；7 月号，138-141；8 月号，138-141；9 月号，148-151；10 月号，140-143；11 月号，126-129；12 月号，138-141.

毛利可信 (1992)「立体読みのすすめ 1-3」『啓林』4 月号，7-10；5 月号，7-10；6 月号，7-10.

成田義光・長谷川存古 (編) (2005)『英語のテンス・アスペクト・モダリティ』(阪大英文学叢書 2)，英宝社，東京.

野内良三（1998）『レトリック辞典』国書刊行会，東京．

野内良三（2002）『レトリック入門』世界思想社，京都．

野家啓一（2005）『物語の哲学』（岩波現代文庫），岩波書店，東京．

織田正吉（1983）『ジョークとトリック』講談社，東京．

岡田伸夫（1985）『副詞と挿入文』大修館書店，東京．

沖田知子（2008）「英文を読む楽しみ」『英語リフレッシュ講座』，275-288，大阪
　　大学出版会，大阪．

沖田知子（2010）「尺度含意と解釈」『言語文化研究』36, 45-64．

沖田知子（2010）「意味論・語用論・文体論と読解指導」『英語研究と英語教育――
　　ことばの研究を教育に活かす』（英語教育学大系第 8 巻），59-77，大修館書店，
　　東京．

沖田知子（2013）「情報操作のデザイン――推理小説の場合」『言語文化研究』39,
　　31-51．

沖田知子（2014）「説得のデザイン――戯曲の場合」『言語文化研究』40, 39-59．

沖田知子（2017）「ことば学とコミュニケーション」『英語教育徹底リフレッシュ
　　――グローバル化と 21 世紀型の教育』，今尾康裕・岡田悠佑・小口一郎・早瀬
　　尚子（編），225-230，開拓社，東京．

ローリング，J. K.（著），松岡佑子（訳）（2003）『ハリー・ポッターと賢者の石』
　　静山荘，東京．

西郷竹彦（1975）『西郷竹彦文芸教育著作集 2』明治図書出版，東京．

坂部恵（1990）『かたり――物語の文法』弘文堂，東京．

佐藤信夫（1993）『レトリックの記号論』講談社，東京．

瀬戸賢一（2002）『日本語のレトリック』岩波書店，東京．

瀬戸賢一（編）（2007）『英語多義ネットワーク辞典』小学館，東京．

鈴木健（2010）『政治レトリックとアメリカ文化――オバマに学ぶ説得コミュニケー
　　ション』朝日出版，東京．

田中ゆかり（2011）『「方言コスプレ」の時代――ニセ関西弁から龍馬語まで』岩波書
　　店，東京．

戸田奈津子（1994）『字幕の中に人生』白水社，東京．

豊田昌倫（2017）「スタイル（文体）とは何か」『英語のスタイル――教えるための文
　　体論入門』，2-12，研究社，東京．

内田聖二（2011）『語用論の射程――語から談話・テクストへ』研究社，東京．

内田聖二（2013）『ことばを読む，心を読む――認知語用論入門』（開拓社言語・文
　　化選書 42），開拓社，東京．

山田真哉（2005）『さおだけ屋はなぜ潰れないのか？――身近な疑問から始める会計
　　学』光文社新書，東京．

山口治彦（1998）『語りのレトリック』海明社，東京．

山路龍天・松島征・原田邦夫（1986）『物語の迷宮——ミステリーの詩学』有斐閣，東京.

山梨正明（1986）『発話行為』（新英文法選書第 12 巻），大修館書店，東京.

吉田一彦（1991）『現代英語のセンス——英語の背景を知るために』研究社，東京.

【洋書】

Abbott, H. P. (2002) *The Cambridge Introduction to Narrative*, Cambridge University Press, Cambridge.

Attardo, S. (1993) "Violation of Conversational Maxims and Cooperation: The Case of Jokes," *Journal of Pragmatics* 19, 537-58.

Attardo, S. (2001) *Humorous Texts: A Semantic and Pragmatic Analysis*, Mouton de Gruyter, Berlin.

Austin, J. L. (1962) *How to Do Things with Words: The William James Lectures Delivered at Harvard University in 1955*, ed. by J. O. Urmson, Oxford University Press, Oxford and New York.

Bal, M. (1985) *Narratology*, University of Toronto Press, Toronto.

Banfield, A. (1983) *Unspeakable Sentences: Narration and Representation in the Language of Fiction*, Routledge and Kegan Paul, Boston.

Barnard, R. (1980) *A Talent to Deceive*, The Mysterious Press, New York.

Biber, D., S. Johansson, G. Leech, S. Conrad and E. Finegan (1999) *Longman Grammar of Spoken and Written English*, Pearson Education, Essex.

Black, E. (2006) *Pragmatic Stylistics*, Edinburgh University Press, Edinburgh.

Blakemore, D. (1992) *Understanding Utterances*, Blackwell, Oxford.

Blakemore, D. (2002) *Relevance and Linguistic Meaning: The Semantics and Pragmatics of Discourse Markers*, Cambridge University Press, Cambridge.

Booth, W. C. (1961) *The Rhetoric of Fiction*, 2nd ed., University of Chicago Press, Chicago.

Brewer, W. F. (1996) "The Nature of Narrative Suspense and the Problem of Rereading," *Suspense: Conceptualizations, Theoretical Analyses, and Empirical Explorations*, ed. by P. Vorderer, H. J. Wuff and M. Friedrichsen, 107-127, Lawrence Erilbaum Associates, Marwah, NJ.

Brewer, W. F. and E. H. Lichtenstein (1982) "Stories are to Entertain: A Structural-affect Theories of Stories," *Journal of Pragmatics* 6, 473-486.

Brown, P. and S. C. Levinson (1987) *Politeness: Some Universals in Language Usage*, Cambridge University Press, Cambridge.

Burke, M., ed. (2014) *The Routledge Handbook of Stylistics*, Routledge, London and New York.

Busà, M. G. (2014) *Introducing the Language of the News: A Student's Guide*, Routledge, London and New York.

Carston, R. (1998) "Informativeness, Relevance and Scalar Implicature," *Relevance Theory: Applications and Implications*, ed. by R. Carston and S. Uchida, 179–236, John Benjamins, Amsterdam.

Carston, R. (2002a) "Linguistic Meaning, Communicated Meaning and Cognitive Pragmatics," *Mind and Language* (Special Issues on Pragmatics & Cognitive Science), 17(1/2), 127–148. (http://www.phon.ucl.ac.uk/home/robyn/pdf, [1–17])

Carston, R. (2002b) *Thoughts and Utterances: The Pragmatics of Explicit Communication*, Blackwell, Oxford.

Carter, R. and P. Simpson, eds. (1989) *Language, Discourse and Literature: An Introductory Reader in Discourse Stylistics*, Unwin Hyman, London.

Chapman, S. and B. Clark, eds. (2014) *Pragmatic Literary Stylistics*, Palgrave Macmillan, Basingstoke, Hampshire.

Chatman, S. (1978) *Story and Discourse*, Cornell University Press, New York and London.

Clark, B. (2013) *Relevance Theory*, Cambridge University Press, Cambridge.

Cruse, A. (2011) *Meaning in Language: An Introduction to Semantics and Pragmatics*, 3rd ed., Oxford University Press, Oxford.

Culpeper, J., M. Short and P. Verdonk, eds. (2002) *Exploring the Language of Drama: From Text to Context*, Routledge, London and New York.

Culpeper, J. and M. Haugh (2014) *Pragmatics and the English Language*, Palgrave Macmillan, Basingstoke, Hampshire.

Dafouz-Milne, E. (2008) "The Pragmatic Role of Textual and Interpersonal Metadiscourse Markers in the Construction and Attainment of Persuasion: A Cross-linguistic Study of Newspaper Discourse," *Journal of Pragmatics* 40, 95–113.

Fludernik, M. (1996) *Towards a 'Natural' Narratology*, Routledge, Oxford.

Fowler, R. (1983) *Linguistics and the Novel*, Methuen, London.

Frye, N. (1971) *Anatomy of Criticism: Four Essays*, Princeton University Press, Princeton, NJ.

Ghadessy, M., A. Henry and R. L. Roseberry, eds. (2002) *Small Corpus Studies and ELT: Theory and Practice*, John Benjamins, Amsterdam and Philadelphia.

Greenbaum, S. (1969) *Studies in English Adverbial Usage*, University of Miami Press, Miami, FL. [郡司利男・鈴木栄一（訳）(1983)『英語副詞の用法』研究

220

社，東京.〕

Grice, H. P. (1975) "Logic and Conversation," reprinted in *Syntax and Semantics 3*, ed. by P. Cole and J. L. Morgan, 41-58, Academic Press, New York.

Halliday, M. A. K. (1970) "Language Structure and Language Function," *New Horizons in Linguistics*, ed. by J. Lyons, 140-165, Penguin, Harmondsworth, Middlesex.

Herman, D., ed. (1999) *Narratologies: New Perspectives on Narrative Analysis*, Ohio State University Press, Columbus, OH.

Herman D., M. Jahn and M. Ryan, eds. (2005) *Routledge Encyclopedia of Narrative Theory*, Routledge, Oxford.

Hocket, C. F. (1972) "Jokes," *Studies in Linguistics: In Honor of George L. Trager*, ed. by M. E. Smith, 153-178, Mouton de Gruyter, Berlin.

Hooper, J. B. (1975) "On Assertive Predicates," *Syntax and Semantics 4*, ed. by J. P. Kimball, 91-124, Academic Press, New York.

Horn, L. R. (1996) "Presupposition and Implicature," *Handbook of Contemporary Semantic Theory*, ed. by S. Lappin, 299-319, Blackwell, Oxford.

Huddleston, R. and G. K. Pullum (2002) *The Cambridge Grammar of the English Language*, Cambridge University Press, Cambridge.

Hyland, K. (1998) "Persuasion and Context: The Pragmatics of Academic Metadiscourse," *Journal of Pragmatics* 30, 437-455.

Ilie, C. (2009) "Strategies of Refutation by Definition: A Pragma-rhetorical Approach to Refutations in a Public Speech," *Pondering on Problems of Argumentation* (Argumentation Library Volume 14), ed. by F. H. van Eemeren and B. Garssen, 35-51, Springer Science + Business Media B. V., Dordrecht.

Jackendoff, R. (1983) *Semantics and Cognition*, MIT Press, Cambridge, MA.

Jeffries, L. and D. McIntyre (2010) *Stylistics*, Cambridge University Press, Cambridge.

Kiparsky, P. and C. Kiparsky (1971) "Fact," reprinted in *Semantics: An Interdisciplinary Reader in Philosophy, Linguistics and Psychology*, ed. by D. D. Steinberg and L. A. Jakobovits, 345-369, Cambridge University Press, Cambridge.

Leech, G. N. (1974) *Semantics*, Penguin Books, Harmondsworth, Middlesex.

Leech, G. N. and J. Svartvik (1975) *A Communicative Grammar of English*, Longman, London.

Leech, G. N. and M. H. Short (2007) *Style in Fiction: A Linguistic Introduction to English Fictional Prose*, 2nd ed., Pearson Education, Harlow.

Levinson, S. C. (1983) *Pragmatics*, Cambridge University Press, Cambridge.

Levinson, S. C. (2000) *Presumptive Meanings: The Theory of Generalized Conversational Implicature*, MIT Press, Cambridge, MA.

Litman, B. R. (1983) "Predicting Success of Theatrical Movies: An Empirical Study," *The Journal of Popular Culture* 16(4), 159-175.

Lyons, J. (1977) *Semantics 2*, Cambridge University Press, Cambridge.

McCawley, J. D. (1987) "The Syntax of English Echoes," *Chicago Linguistic Society* 23(1), 246-258.

McEnery, T. and A. Wilson, eds. (2001) *Corpus Linguistics: An Introduction*, Edinburgh University Press, Edinburgh.

McEnery, T. and A. Hardie, eds. (2012) *Corpus Linguistics*, Cambridge University Press, Cambridge.

McIntyre, D. and B. Busse, eds. (2010) *Language and Style: In Honour of Mick Short*, Palgrave Macmillan, Basingstoke, Hampshire.

Meyer C. F. (2002) *English Corpus Linguistics: An Introduction*, Cambridge University Press, Cambridge.

Nässlin, S. (1984) *The English Tag Question*, Almqvist and Wiksell International, Stockholm.

Noble, W. (1994) *Conflict, Action and Suspense*, Writer's Digest Books, Cincinnati, OH.

Noveck, I. A. (2001) "When Children are More Logical than Adults: Experimental Investigations of Scalar Implicature," *Cognition* 78, 165-188.

Noveck, I. A. and D. Sperber, eds. (2004) *Experimental Pragmatics*, Palgrave Macmillan, Basingstoke, Hampshire.

Palmer, F. R. (2001) *Mood and Modality*, 2nd ed., Cambridge University Press, Cambridge.

Prince, G. (1987) *A Dictionary of Narratology*, University of Nebraska Press, Nebraska, NE. [遠藤健一（訳）(1991)『物語論辞典』松柏社，東京.]

Prince, G. (1992) *Narrative as Theme: Studies in French Fiction*, University of Nebraska Press, Lincoln, NB.

Quirk, R., S. Greenbaum, G. Leech and J. Svartvik (1985) *A Comprehensive Grammar of the English Language*, Pearson Education, Essex.

Raskin, V., ed. (2008) *The Primer of Humor Research*, Mouton de Gruyter, Berlin.

Rimmon-Kenan, S. (1983) *Narrative Fiction: Contemporary Poetics*, Methuen, London.

Schiffrin, D. (1980) "Meta-talk: Organizational and Evaluative Brackets in Discourse," *Sociological Inquiry* 50, 199-236.

Schiffrin, D. (1994) *Approaches to Discourse*, Blackwell, Oxford.

Scott, M. (2002) "Comparing Corpora and Identifying Key Words, Collocations, Frequency Distributions through the WordSmith Tools Suite of Computer Programs," *Small Corpus Studies and ELT: Theory and Practice*, ed. by M. Ghadessy, A. Henry and R. L. Roseberry, 47-67, John Benjamins, Amsterdam and Philadelphia.

Scott, M. (2005) "The Behaviour of Key Words," a keynote speech presented at Corpus Linguistics, The University of Birmingham, UK.

Scott, M. (2009) *WordSmith Tools*, version 5.0, Oxford University Press, Oxford.

Searle, J. R. (1969) *Speech Acts: An Essay in the Philosophy of Language*, Cambridge University Press, Cambridge.

Searle, J. R. (1975) "Indirect Speech Acts," *Syntax and Semantics 3*, ed. by P. Cole and J. L. Morgan, 59-82, Academic Press, New York.

Short, M. (1981) "Discourse Analysis and the Analysis of Drama," *Applied Linguistics* 11(2), 180-202.

Short, M. H. (1996) *Exploring the Language of Poems, Plays and Prose*, Longman, London.

Simpson, P. (1993) *Language, Ideology and Point of View*, Routledge, London.

Sperber, D. and D. Wilson (1981) "Irony and the Use-mention Distinction," *Radical Pragmatics*, ed. by P. Cole, 295-318, Academic Press, New York.

Sperber, D. and D. Wilson (1995) *Relevance: Communication and Cognition*, 2nd ed., Blackwell, Oxford.

Sternberg, M. (1978) *Expositional Modes and Temporal Ordering in Fiction*, Johns Hopkins University Press, Baltimore and London.

Stockwell, P. and S. Whiteley, eds. (2014) *The Cambridge Handbook of Stylistics*, Cambridge University Press, Cambridge.

Surmelian, S. (1968) *Techniques of Fiction Writing: Measure and Madness*, Doubleday, Garden City, NY. [西前孝 (監訳) (1988)『小説の技法』旺史社, 東京.]

Taleb, N. N. (2010) *The Black Swan: The Impact of the Highly Improbable*, revised ed., Penguin Books, London.

Toolan, M. (1990) *The Stylistics of Fiction: A Literary-linguistic Approach*, Routledge, London.

Turow, J. (2011) *Media Today: An Introduction to Mass Communication*, Routledge, New York and London.

Ullman, S. (1962) *Semantics: An Introduction to the Science of Meaning*, Basil Blackwell, Oxford. [池上嘉彦 (訳) (1969)『言語と意味』大修館書店, 東京.]

Vanderveken, D. (1990) *Meaning and Speech Acts*, vol. 1, Cambridge University Press, Cambridge.［久保進（監訳）(1997)『意味と発話行為』ひつじ書房，東京.］

Wales, K. (2011) *A Dictionary of Stylistics*, 3rd ed., Longman Pearson, London.

Weber, J. J., ed. (1996) *The Stylistic Reader: From Roman Jacobson to the Present*, Arnold, London.

Wodack, R. and M. Meyer, eds. (2001) *Methods of Critical Discourse Analysis*, SAGE, London.［野呂香代子（監訳）(2010)『批判的談話分析入門──クリティカル・ディスコース・アナリシスの方法』三元社，東京.］

Zillmann, D. (1991) "The Logic of Suspense and Mystery," *Responding to the Screen: Reception and Reaction Processes*, ed. by J. Bryant and D. Zillmann, 281-303, Lawrence Erlbaum Associates, Hillsdale, NJ.

Ziv, A. (1984) *Personality and Sense of Humor*, Springer, New York.［高下保幸（訳）(2003)『ユーモアの心理学』大修館書店，東京.］

引用作品略記表

AAW*:* *Alice's Adventures in Wonderland,* by Lewis Carroll
AHF: *The Adventures of Huckleberry Finn,* by Mark Twain
ATS: *The Adventures of Tom Sawyer,* by Mark Twain
ATT: *And Then There Were None,* by Agatha Christie
BH: *At Bertram's Hotel,* by Agatha Christie
BS: *Bones and Silence,* by Reginald Hill
DC: *The Doomsday Conspiracy,* by Sidney Sheldon
EN: *Endless Night,* by Agatha Christie
EUS: *Evil under the Sun,* by Agatha Christie
FLP: *Five Little Pigs,* by Agatha Christie
GG: *The Great Gatsby,* by F. Scott Fitzgerald
GM: *The Glass Menagerie,* by Tennessee Williams
HDH: *Harry Potter and the Deathly Hallows,* by J. K. Rolling
HPA: *Harry Potter and the Prisoner of Azkaban,* by J. K. Rolling
HSS: *Harry Potter and the Sorcerer's Stone,* by J. K. Rolling
IH: *The Ideal Husband,* by Oliver Parker based on the play by Oscar Wilde
JEE: *Jokes in English for the ESL/EFL classroom* (http://iteslj.org/jokes)
LBM: *Laughter is the Best Medicine,* compiled by Fred Metcalf
LK: *The Lion King,* by Walt Disney Animation Studios (http://www.lionking.org/scripts/Script.html)
MFL: *My Fair Lady,* by Alan Jay Lerner based on *Pygmalion* by George Bernard Shaw
MG: *Master of the Game,* by Sidney Sheldon
MOE: *Murder on the Orient Express,* by Agatha Christie
MRA: *The Murder of Roger Ackroyd,* by Agatha Christie
MS: *The Moonstone,* by Wilkie Collins
MSP: *The Moon and Six Pence,* by Somerset Maugham
MW*:* *The Miracle Worker,* by William Gibson

PDJ: *The Penguin Dictionary of Jokes,* by Fred Metcalf

SC: *Snow Country,* translated by Edward Seidensticker

SD: *The Sixth Day*, by Roger Spottiswoode, Phoenix Pictures

SM: *Speaking Metaphorically,* by Peter McCagg

TAM: *Twelve Angry Men* (revised and re-written version), by Reginald Rose

TTI: *Ten Things I Wish I'd Known: Before I Went Out into the Real World*, by Maria Shriver

TZ: *Towards Zero*, by Agatha Christie

WP: *Witness for the Prosecution: A Play in Three Acts,* by Agatha Christie

索　引

1. 五十音順に並べた.
2. 数字はページ数を示す.

227

228

著者紹介

沖田　知子（おきた　ともこ）

大阪大学名誉教授．専門は意味論・語用論・文体論．おもな研究業績：『新えいご・エイゴ・英語学』（共著，松柏社，2007），『謎解き「アリス物語」——不思議の国と鏡の国へ』（共著，PHP 新書，2010），『アリスのことば学——不思議の国のプリズム』（共著，大阪大学出版会，2015），『英語のデザインを読む』（共編著，英宝社，2016）など．

堀田　知子（ほった　ともこ）

龍谷大学教授．専門は文体論・語用論・物語論．おもな研究業績：『ユードルフォの謎 I——梗概と研究』（共著，大阪教育図書，1998），『新えいご・エイゴ・英語学』（共著，松柏社，2007），『英語多義ネットワーク辞典』（分担執筆，小学館，2007），『英語のデザインを読む』（共著，英宝社，2016）など．

稲木　昭子（いなき　あきこ）

追手門学院大学名誉教授．専門は文体論・語用論・英語コーパス研究．おもな研究業績：『コンピュータの向こうのアリスの国』（共著，英宝社，2002），『新えいご・エイゴ・英語学』（共著，松柏社，2007），『謎解きのことば学——アガサ・クリスティの英語を楽しむ』（英宝社，2013），『アリスのことば学 2——鏡の国のプリズム』（共著，大阪大学出版会，2017）など．

開拓社叢書30

ことばのインテリジェンス
―トリックとレトリック―

ISBN978-4-7589-1825-1　C3380

著作者	沖田知子・堀田知子・稲木昭子
発行者	武村哲司
印刷所	日之出印刷株式会社

2018 年 4 月 18 日　　第 1 版第 1 刷発行ⓒ

発行所	株式会社　開 拓 社	〒113-0023 東京都文京区向丘 1-5-2 電話　（03）5842-8900（代表） 振替　00160-8-39587 http://www.kaitakusha.co.jp